日本生活

在地香港人的潛文化體驗課

原來如此

U0130428

沖繩Oki-Family 著

推薦序

曾美華
（資深傳媒人）

　　記得幾年前的一頓晚飯閒談中，文文（Oki-Family 爸爸）提及到將會移民去沖繩，當下我的第一個想法是：移居日本，日本適居嗎？

　　相信很多香港人跟我一樣，一年中總會去幾次日本，而我更是崇日的表表者。自小受日本文化薰陶，追看日劇，迷日本明星，木村拓哉是不可取代的男神；愛購買日本時裝，每次去日本，都會重覆到不同景點打卡，樂此不疲，日本像是我的第二個「家」。但僅次於作為遊客而已，如果要我認真再踏前一步移民到當地，我會猶疑。因為我的人生經驗告訴我，最美好的事情，是需要帶有距離感的。所以文文一家人是勇敢的。而往後的幾年間，看到他們記載的生活點滴，苦中作樂的軼事，可見他們的選擇是正確的。

　　沖繩，給我的感覺是「粉粉的」，粉藍色的天空和粉藍色的海洋，而他們選擇了潛水作為認識沖繩的第一步，真是懂海的一家人。幾年前，我和家人第一次踏足沖繩，總感覺到沖繩人跟其他日本人有點不同，更為像是台灣人，無論是談吐、衣着、食物或建築物等都是別具一格。

正所謂旅遊需要有個良伴，旅程不止於沿途風光，還有溫暖的友誼。文文一家，憑着豐富的旅遊閱歷，和對日本的深度了解，帶我們到處遊玩，談文化聊生活趣事，不亦樂乎。雖然每晚都是拖着疲倦的身軀回酒店，但仍是十分期待，第二天再結伴同遊的行程。回想一下，真不失為一趟浪漫的旅程。

我不知道有多少讀者會很認真看〈序〉，而我是一個急性子的人，倒是會跳過〈序〉這部分而直接閱讀內文。所以我寫這篇〈序〉時，加上一點點溫度，講人話，讓大家更立體地了解 Oki-Family，而非「Hard Sell」。

雖然在寫作上，未必能做到言簡意賅，但至少可以不失自己觀點，又不會影響讀者對這本書的感受。

誠邀各位讀者，請立即翻開內文，讓 Oki-Family 帶你重新認識日本人對生命教育的看法，日本人的講價文化，如何被辭職的故事等……將這些生活點滴化成文字，為你揭開日本人的神秘面紗！

在疫情前，曾經有一家出版社接觸過我們出書，但當時一直很忙，最後不了了之。

在疫情開始後，明報出版社找上我們。因為爸爸第一本看的小說便是明窗的《衛斯理——玩具》（之後成為標準的衛斯理迷），所以對這間出版社有深厚的感情，基本上是「嘍飯應」（馬上答應）。原本計劃只是把過去的文章集結成書，後來才發現編輯是希望我們能夠提供全新的稿件。

還好日本有很多奇怪事情可以發掘，題材千變萬化，常常令我們 O 嘴。

爸爸和媽媽是小學同學，從三年級已經認識，到五年級開始一起被罰站，直至小學聚會重新遇上，冤孽～

當年上一代為了爸爸媽媽的將來，分別移民到加拿大和英國，最後各自又有不同的原因而回流香港。好幾年後，爸爸媽媽選擇帶着三歲的女兒 Mia 到日本重新出發，再次經歷

作者之二
媽媽

Mia

作者之一
爸爸

一家之主。
在日本交換生時期，得一名台灣男同學高人指點，說：「你的真命天子一早已經出現」，雖然當時並不相信。

女兒。
小學四年級生，現年九歲。

主要負責煮飯和玩。
小時候嫲嫲說：「你驛馬星動，一生漂泊。但南方最適合你。」

移民的不穩定——移居沖繩：日本最南方的小島，然後在無心插柳下開展了潛水和旅遊事業。

定居沖繩，和旅遊截然不同，心態要徹底調節，從一個速食社會融入到慢工細活之中。

沖繩人準時下班，只因為他們有家人等他們回家；星期

六日放假，因為需要享受天倫之樂；收入比較低，因為享受生活原來不用很多錢。

當然，這個世界沒有完美的社會，只有靈活柔韌的心態。

定居沖繩之後開設了部落格「沖繩 Oki-Family」，分享生活點滴、沖繩旅遊、日本文化和移居資訊，因為無償分享為潛水店員工申請簽證的經驗，很多人也是衝着移居資訊而成為我們的讀者。

居住到第三年，我們取得日本永住資格，正式落地生根。

相信大部分人也會覺得奇怪，有好好的加拿大和英國不去，卻選擇帶着女兒來日本。

當然，喜歡日本是主要原因（媽媽甚至在英國大學主修日文！），而家中長老也是一大原因。

長老們回流香港之後不想再離開，而沖繩距離香港只是兩個半小時航程，比加拿大和英國更方便見面。現在每年他們也有幾個月時間和我們一起在沖繩度過，同一屋簷下，家庭關係比在香港的時候更加親密。不再是星期日飲茶那種蜻蜓點水式的見面，孫兒和老人家有了更深入的接觸。

決定移居沖繩是一個非常倉猝的想法，我們只用了幾天時間來作出人生最重要的決定。那時候甚至還未談好實際的工作，沒有很多積蓄，亦不足以購買任何日本物業。但我們盤算過，作為第一步，只要能夠找到工作在當地維持最簡單的生活便開始動身。相信在安定後，以我們作為香港人的變通，一定能夠走出新的路。

到了這一刻，我們仍然不太相信命運。路，是需要自己走出來。

雖然我們選擇了一條和父母安排截然不同的路，但回頭看，是因為前人為我們打下了根基，才有現在的選擇。

新的基石已經埋下，要走怎麼樣的路，就由下一代自己決定吧。

目錄

你所不知道的日本生活日常

你所不知道的日本商業職場

你所不知道的日本教育制度

你所不知道的日本冷知識

你所不知道的沖繩二三事

後記：移居日本

你所不知道的
日本生活日常

丟垃圾的學問

　　無論是旅行時住在日本的 Airbnb 又或者移居過來，垃圾分類一定會讓你痛不欲生。即使我們移居到日本已經好幾年，鄰居甚至是土生土長的日本人，都仍然會遇上被拒收垃圾的情況，而且這事情絕不罕見。

　　日本在 2000 年開始推行垃圾徵費，方法是用指定的垃圾膠袋將不同的垃圾分類，這聽起來好像沒什麼問題，但當中最麻煩的地方，是每一個社區都有不同的規則，即旺角和深水埗的垃圾分類規則已經各有不同！

不同顏色的垃圾膠袋會有其專屬處理的垃圾。

有一些社區比較簡單，只有兩種垃圾膠袋，分為廚餘和可再生垃圾，但有一些社區，就例如我們現在所居住的地方，就有以下幾種垃圾膠袋：

◎　**紅色膠袋**

　　這個是最簡單的！收集所有可燃燒垃圾，一個星期會收集兩次。大家可能沒有想過，原來塑膠是屬於可燃燒的！

◎　**藍色膠袋**

　　分為兩個用途。

　　用途一：金屬、塑膠，例如汽水罐和膠樽。不過要留意，膠樽蓋和招紙是不能夠回收的，需要放入可燃垃圾中，若果不小心將兩者混合了⋯⋯不要緊，下星期還有機會！另外，雖然金屬和塑膠同是藍色膠袋，但兩者不能夠混合，需要分開回收。

　　用途二：危險品和壞掉的小家電，例如電池、破爛玻璃、燈泡和用完的瓦斯罐等，這些物品不能混合一起，電池和燈泡需要獨立放在藍色膠袋內。每兩星期回收一次，如果忘記了，放心，隔個星期還是有機會的。

◎ **綠色膠袋**

收集完好的玻璃樽，例如酒樽、豉油樽。

至於報紙雜誌需要獨立處理，用紙索捆綁，但能否順利回收還是要「望天打卦」，因為遇上下雨天的話不會有人來回收。

如果要處理大型垃圾，例如打印機、電視機，便要到便利店購買垃圾券，再打電話預約時間回收，但當中是有尺寸限制的，若果垃圾的體積超過限制，就要找垃圾回收商報價⋯⋯我們試過處理公司一部壞掉的洗衣機，需要繳付¥3,000 垃圾徵費！

雖說日本的紙價沒有香港的那麼高，不會看見有人在街上拾紙皮，不過，金屬仍然相當有價值，所以在回收汽水罐的那一天，除了政府承辦商外，還會看到不同的電單車穿梭民居，「回收」金屬罐。由於政府承辦商在回收後會把金屬罐變賣，賺取額外利潤，而電單車的出現造成了競爭，嚴重影響政府承辦商的收入，到後來政府更發放聲明，叫市民不要貪方便把金屬罐交給這些電單車。成效如何？根本沒有人站在政府承辦商那一邊，有些人甚至用普通膠袋裝着金屬罐放在門口，這樣便不用繳付垃圾徵費。不過除了省錢外，有時候承辦商在執行規例上過於嚴格，引起居民不滿，所以居民便不想合作了。

最多日本人欠下的債務？！

在日本居住，常常會被人「追數」！所指的不是像我們撰寫這本書時被出版社編輯追稿，而是真正的金錢追討！無論你是工作假期還是工作簽證，都有機會收過這些「追數」電話。

為什麼日本「追數」情況如此普遍？以下兩大機構便常常追數：

◎ NHK 日本電視放送協會

NHK 不是免費的嗎？才怪呢！NHK 其實是需要收費的！只要在家，在車（日本雖然禁止在車上看電視，但事實上……），只要你有觀看電視，便會墮入這個收費網！

日本有種叫做「義務」的東西，並不是強制性的，只是要求大家自律，是一種介乎強制和完全自由之間的設定，而NHK 收費便是其中一種。每一個都道府縣也可以找到 NHK 的蹤影，他們甚至會有外派專員到小小的村莊報道當地民生，還會聘請大量合約「收數人員」，軟硬兼施地逐家逐戶

拍門收錢，因為他們需要查看你的家有沒有安裝電線。這些「收數人員」有的是可憐伯伯，有的是凶神惡煞大漢，而他們的共通點是每隔一段時間便會過來拍門，苦口婆心勸你付錢。若你拒絕付錢的話，他們便會繼續上門勸你付錢，直至你崩潰，不想再見到他們而乖乖付錢。這個追數方法有效嗎？根據很多台灣人和香港人的回覆：非常有效！因為真的很煩很煩！更有人稱之為「午夜凶鈴」，因為晚上吃飯的時候突然會有人按門鐘！

NHK 的費用其實不多，如果將和他們周旋的時間轉換成金錢來計算的話，一定蝕本！所以還是乖乖付錢吧。

每個縣市都會有 NHK 大樓，報道當地資訊。

◎　**日本政府國民年金**

年金是政府的退休金供款，每一個工作的人也有義務加入，亦即是繳付。只要你工作，僱主有報稅的話，便會成為他們的招攬對象。由於實在太多人逃避繳交年金，日本中央政府甚至會每年公布四十七個縣的年金繳交排名，看看哪個縣最多人逃避年金（是沖繩……）。和 NHK 不同，年金主要會利用電話追討。當你報稅之後，便會收到年金供款通知，在到期日前這些追討電話就會打過來，他們的態度通常會判定你為欠款人（即使是還未到期繳付），收到這些電話感覺總不會太好受。最難搞的是，年金供款是一年幾次的，所以一年下來便會常常收到他們的電話。

如果你拒絕參加年金怎麼辦？之前提過，這是義務來的，所以除了不停打電話，他們也沒什麼可以做……不過很煩便是了。

領養寵物不容易？

在香港，有些寵物的主人會為寵物改上不同的食物名字，例如 Cookie、Donut、Oreo 等，但在日本，寵物的名字和一般日本人是沒有分別……是的，當你在街上聽到有人大叫「木村醬」，有機會迎面而來的不是木村拓哉，而是一隻柴犬。

過去十年，我們一直居無定所，因工作需要而常常不在家，現在穩定下來，看了 Youtuber Hikakin 的影片，加上現在居住的地方容許飼養寵物，所以媽媽便認真地查看日本領養寵物的手續和需要注意的地方。

日本對領養寵物的手續異常嚴格，以東京為例，領養機構會進行家訪，當中會有一些潛規則：

男性，通常被拒絕；

單身人士，通常被拒絕；

日本籍以外的人士，要有日本籍的擔保人才能夠申請，而且擔保人需要是親屬（這好像是最困難的，要非日本籍的人找日本籍親屬作擔保人……）；

夫婦需要長期外出工作，通常被拒絕；

需要離開家居超過四小時的人，通常被拒絕。

如果是六十歲以上的單身人士，需要簽定合約，如果比寵物先行離世的話，要安排找人接手照顧，當然，申請者所居住的地方需要容許飼養寵物，另外亦要向地區政府登記。

結果……不是我們不想領養，而是我們不夠資格。

由於領養門檻很高，即使這幾年日本愈來愈多人飼養寵物，他們大多都會採用最簡單的途徑——購買寵物，因為購買並沒有以上限制及要求，繼而造就了這行業的蓬勃發展。我們看畢資料真是無言……只能夠說歡迎認識日本！

除了領養和購買外，還有另一個方法，就是在街頭上拾，但這情況只適用於貓身上。至於狗，在街頭基本上是看不見的，因為日本的野狗，大部分已被人道毀滅。我們知道有香港人從沖繩的街頭救回了兩隻小貓，更不辭勞苦帶回了香港飼養，衷心敬佩！

　　無論寵物是領養還是購買（重申一次，我們強烈建議領養），同樣需要購買保險的。寵物保險費用平均 ¥5,000 一個月，比人的還要貴，這個價錢正在每年穩步上升中，不過日本的寵物用品及糧食倒是比香港便宜。

　　要數飼養寵物的最大煩惱，還是居住，和其他城市一樣，大部分出租物業也不歡迎寵物。由於日本仍然有很多物業是木頭建築物，當寵物的排泄物不小心滲透到這些木頭上，基本上沒辦法清除的。如果要飼養寵物，一是自身擁有物業；一是比較高價的租盤，而且這些容許飼養寵物的租盤通常較為搶手，並不容易找得到。

　　一旦決定飼養寵物之後，便要把寵物當成自己子女，甘心為奴，所以要在頭腦還能保持清醒之前，決定是否要跳入這個火坑。

　　看完這些資料，加上 Mia 對貓致敏源的忍耐力仍然不能超過四十分鐘，我們還是繼續過「單身」生活。

在家附近有一個貓站長，我們久不久便會去探望，順便測試一下
Mia 對貓的敏感有沒有好轉。

日本爆買行動！

有時外出購物，會發現貨架上某一個位置突然間空空如也，而且無論你到哪一間商店，同樣的貨物也會售罄。

原來日本有個晨早節目，一星期五天介紹熱賣產品，也會找著名的廚師作產品測試，而每次登上榜首的產品，都一定會售罄！

記得有一款日本人從小吃到大的豉油味杯麵，已經有幾十年歷史，自節目播出之後，突然間全國缺貨，要幾個星期後才能補回來。

日本人就有這種購物個性，當有人介紹和推薦，看起來好用的話便買吧！¥100 店和家庭電器都會出現這個情況。

最經典的兩個例子，是 Soda Stream（在家中自製汽水）和減肥腳踏機。曾經一度全城缺貨，到現在去任何一間二手店也保證找得到，而且價錢非常非常非常便宜。接近全新的腳踏機器 ¥599 至 ¥999 就有一部，會如此便宜是因為二手店

沒有回收成本，他們也只是勉為其難地收下，有一些二手店甚至要求賣家付一定金額才願意回收。因為在日本扔垃圾是需要付費的，而這種小型家電更要預約丟棄，當很多消費者一窩蜂購物之後後悔，但求騰出地方連錢也不要，便造成在同一時間丟棄相同貨品的情況。

　　為什麼我們這麼清楚？因為我們用二手價買入腳踏機之後，經歷了出售的痛苦，因為沒有人願意回收，最後拿到廢鐵回收場，垃圾場告訴我們要徵收 ¥500 人工把上面的塑膠除去才能回收。這件十多公斤的廢鐵，還要我們付 ¥500 才能處理⋯⋯經過這個教訓後，現在買東西都會深思熟慮。

爆買這回事其實絕對沒有種族隔膜。

講價的藝術

或許大家都對日本有一個根深蒂固的認知,日本購物是明碼實價,不能議價的。

我們搬到沖繩後去大型電器店購置雪櫃、洗衣機等電器時,一直沒想過要講價,但就在結帳的時候,營業員主動提出可以講價!我們當場嚇呆了!日本不是不可以講價的嗎?眼見面前的營業員那麼老實,我們只好順着他的意,講了些價。自這刻起,我們才知道原來日本是可以講價的,之後每次買電器也會殺價。

但這正常嗎?

媽媽和東京的朋友談起,他們説:「吓!為什麼我不知道!我們買電器從來沒有額外的折扣!」

原來,是看哪裏人。

東京人的文化上因為面子問題,不會講價,講價會被看不起。但不代表在東京的連鎖店不讓你講價,尤其是外國

人，在東京也會議價成功！

大阪出了名殺價厲害，大阪人的殺價技術冠絕全國，如果你沒有給大阪人折扣，他們會死纏爛打。

沖繩嘛，非常老實，這個折扣不應該賺的就會主動告訴客人可以減價，這情況我們經歷過很多次了。

好了，家庭電器這些小數目可以講價，那麼購買物業時的議價空間應該比較大吧？

那你就錯了！

在我們置業的時候，用了香港的思維去想，希望能減價5%，但多間地產代理告訴我們：沒有的，大部分都不會減價。他們極其量只是把零頭去掉，例如 ¥5,000,000 的物業，最後可能只會象徵式減幾萬。如果主動議價的話，有些人更會馬上已讀不回。就如我們的物業，最後的殺價空間只有0.1% 左右，而且是地產代理自己減佣金給我們。對的，物業代理佣金反而有減價空間！

在日本久了，才發現全日本的文化差異很大，東京和大阪兩個最大的城市已經南轅北轍。

不過其實我們並不喜歡講價，把價錢標高，要客人浪費時間殺價，很麻煩。

讓人懷疑人生的
日文口音

媽媽在英國大學主修日文，畢業後在日本人的公司工作，老闆是日本人，主要都是用日文溝通，工作內容是為一些品牌做即時傳譯，例如 Porter Japan 和 Q-Pot，如是者過了十多年。

自從搬到沖繩之後，媽媽曾經懷疑過自己的日文是否出了問題。我們店舖停車場的地主是地道沖繩人，和他溝通，媽媽只能聽得懂 10% 左右，是的，連 N4 的日文程度也不如！所以每次溝通，也有勞地主的太太作日文與日文之間的翻譯。

沖繩雖然屬於日本，但是在 1930 年後才統一使用日語，但好景不常，第二次世界大戰結束後，沖繩就成為美國的管轄地，直至 1952 年才歸還日本，稱之為「沖繩返還」。因此，雖然老一輩的沖繩人有受過日語教育，但其主要語言還是鄉下話，亦即是琉球語。

就像香港水上人有自己的蜑家話，譚仔米線有譚仔話，

在老一輩沖繩人當中，朋輩之間的交談仍然使用琉球話。

這個情況就連日本本島居民也覺得有趣，每當電視上出現這些方言，也會特別加上字幕，方便觀眾理解。事實上，日本不同地方都有各自的口音，大城市如東京和大阪的口音已經非常不一樣，而且還有九州、東北地區和北海道的。

即使是標準日文發音，用字也有所分別，Mia 從小在沖繩長大，在沖繩公立學校接受日本教育，當她去到東京時，很快就被人認出她的「鄉下」是沖繩。

北海道的情況和沖繩非常接近，他們過去有自己的文化、自己的語言。可以想像得到，老一輩沖繩人和老一輩北海道人溝通，應該會是雞同鴨講。另外還有一個比較極端的例子就是青森區域口音，稱之為「津輕弁」，NHK 甚至舉辦過「津輕弁」比賽，模仿這種方言。

無論你的日文有多厲害，來到沖繩和北海道，也可能會無法與當地人溝通。

語言偽術

日文好像是沒有粗口的,要數最粗俗的可能只是「馬鹿」,是白癡、笨蛋的意思。

但和法國一樣,有些地區會婉轉地取笑你,不明就裏,會以為正被讚賞,而日本的表表者,就是千年古都——京都。

京都人的轉彎抹角是日本知名,在網上就有一個經典例子。

Twitter @da_masu 説:「在 IT 企業工作時,和一間京都公司開會。會議期間對方的管理人員突然間説:『你這隻表好像不錯』。我便客氣地介紹自己的表和功能。

會議結束之後,負責接待的人員偷偷地告訴我,剛才那位管理人員的言外之意是『不要廢話連篇,快些入正題,快些結束!』」

明白了之後，非常尷尬！」

這些例子，在日本比比皆是。又例如香港人很喜歡説「得閒飲茶」，但是永遠抽不出時間，因為這些只是客套説話，所以大家都心領神會。至於日本人也有這一句，他們會説「去到就去」，但事實上從來都去不到，只是當外地人聽上去，以為真的是找個時間飲茶或見面。

當然，日本這麼大，各地也有不同的文化，東京人不喜歡當面批評，會在過後才下評語；大阪人會當面批評，比較直接；沖繩人更會馬上黑臉，甚至拍枱大罵。

有人説，京都人的虛偽是一種自我保護機制，因為圈子很小，怕得罪人，所以只能夠把事情婉轉的説出來，不讓對方難堪。

説話的真正意思，只有説的人才知道，有些説話，比粗口更具傷害性！

隱形富豪在哪兒?

曾經,日本人四周收購土地和資產,擁有夏威夷很多土地,直至 1989 年泡沫爆破之後,日本經濟便急轉直下。

沒有錯,泡沫爆破之後日本經濟實力不如從前,但他們的消費力其實仍然很高,只不過是由表面轉為深層,由炫耀改成內斂。

在東京和大阪以外的地區,好像比較少看見高級名車,事實上,高級名車不是不存在,只是你看不見。

當日本人擁有超過一輛車,他們便會把最便宜的車放在戶外,名貴的車子放在室內存放或包裹着,目的除了是保護名車之外,還有一個作用便是不能炫耀。

是不能炫耀。

我們聽不少當地人説,如果你門口放着一輛名車,就很難交到朋友。日本有一句諺語:「不做凸出來的釘」,大

家也盡量團結（起碼表面上），互相融入，當你選擇炫耀的話，便有機會受到排擠，其他人看不過眼時，就會處處為難，最後得不償失。所以在工作場合上會看到日本人的衣着、用品非常接近，但如果仔細一看，便會發現用品的質素有非常大的分別！這一種對內在質素的追求，才是大家的比拼戰場。

那麼這些隱形富豪從何來？路上遇到的農夫、漁夫，隨時是大地主或船主。耕田捕魚只是他們一直守護的價值，他們追求的未必是金錢。正如我們的業主，擁有附近最多的土地，就連酒店也要向他租地經營，但見面的時候他只是開着一輛最便宜的農夫車，兩腳還沾着泥濘呢。

以貌取人？在日本還是不要用這一套！

日本的富豪會在意想不到的地方出現。

走進日本住宅！

很多人來日本旅行喜歡租住民宿，雖則民宿價錢不比酒店便宜，不過就能體驗到日本的居住情況。對於日本居所，大家又認識多少呢？

先從外面說起，丟垃圾！

來日本居住，最先遇到的問題一定是垃圾分類（詳見本書 P.14「丟垃圾不容易」）！每個市、每個區也有不同的規例。例如在東京澀谷區，住宅垃圾沒有分類，而在沖繩，塑膠袋是可燃物料……但只要一個不小心放錯，便會被拒絕回收……爸爸最厲害的一次是用了三星期才把一隻鐵鍋丟掉。

之後就走進屋子吧！

日本大部分建築物的入口處也有玄關，玄關一般會稍為高一點，可以避免污垢和雨水吹入屋內。

日本很多住宅只有一部冷氣（一部冷氣怎能足夠在夏天

攝氏 30、40 度使用？），所以大部分人也會再加上冷氣，自購物業當然沒問題，可是租房子的話，在退租時是需要還原的，而自己加裝的冷氣也需要拆掉，但下一個租客又會再加裝冷氣⋯⋯就這樣周而復始，GDP 便上～升～了～

至於廁所和浴室方面，除了舊式的沖繩物業外，廁所和浴室基本上都是分開的。浴室設計是封閉組合式，這樣可以降低成本，設備也能夠統一，至於浴缸就會加入不同的實用功能，例如自動放水、恆溫裝置等，而且在封閉式浴室 Pool Party 也不會被罵！

來到廚房，日本的爐灶附設一個燒烤爐，方便住客烤魚。若果有機會到日本居住，請不要吝嗇金錢，一定要購買火力最強的爐灶，因為煮食效果會有很大的分別！

當中最詭異的，要數到部分住宅會用天然氣飯煲，廚房內甚至會有一個飯煲專用的天然氣插頭。天然氣飯煲亦是買樓附送的唯一一件「家電」，地產經紀說用它煮飯特別好吃！但我們最後決定上網把它賣掉，很快就有人用高價和我們購買，證明相當有市場。

日本的獨立屋「一戶建」的廚房地下會有一個漬物儲存庫作發酵，有人稱之為「媽媽的味道」。我們就用來儲存香港和台灣的醬料食物，其實大家儲存的也是「媽媽的味

道」,只是大家的媽媽國籍不同而已。

接下來就到睡房,雖說榻榻米絕對是日本的代表,但不說不知道,原來很多年輕人不喜歡榻榻米!所以榻榻米成為了物業Options(可選擇項目)。反而我們這些外來人卻很喜歡榻榻米,即使上一間屋沒有榻榻米,我們也要特地購買三張榻榻米放在客廳內。至於小時候看《叮噹》(多啦A夢)的「睡覺」空間仍然存在,用處也是睡覺。

日本的窗戶絕大部分也是趟窗,但原來趟窗的設計是右邊趟開、左邊關閉,方向反轉,或半趟便不能密封,昆蟲便會從狹縫中爬進來。這個小知識其實是我們在日本住了四年之後才知道的呢……

廚房地下的漬物儲存庫充滿了「媽媽的味道」。

《叮噹》裏的睡覺空間是確實存在的呢!

絕大部分日本住宅也有露台，很多公寓式住宅（Apartment）的露台通常會有一個限制，就是不可破壞外觀。這些「私家露台」是屬於「公共地方」，如果你放置雜物在露台，公寓是可以要求你清理。

　　還有一個和香港非常大的不同，就是日本很多東西也有統一的規格，例如選購櫥櫃，很容易便會找到適合牆壁大小的櫥櫃，不用訂做。至於家具配件大部分也是通用的，例如在家品店購買了櫥櫃，想配一個膠櫃桶，走進 Nitori（宜得利家居），便可以找到尺寸完美的配件。同樣地，只要說出窗戶型號便能找到尺寸合適的防蚊窗和窗簾。燈，也是統一插頭，安裝只需要一分鐘，比拆盒的時間還要短呢。

　　香港只有兩間電力公司，按地區而分，但在日本，是可以根據使用習慣而選擇不同的電力公司！電力公司的價錢是每個月浮動的，有些電力公司的收費全日劃一，有些分早晚不同，用戶可根據自己的使用習慣而選擇適合自己的電力公司。

　　最後，搬到新居之後，必須到郵局註冊，否則郵局有機會因為沒有你這個居民的記錄而不派遞信件。

　　可是，有一點仍然不太明白，為什麼最需要統一的沒有統一到，所說的是洗衣機入水位⋯⋯我們所住過的三家居所，全部不同，需要不停浪費金錢改裝！但搬屋的人說如果不改裝的話有機會漏水，那就⋯⋯改吧。

日本物業不保值之謎

我們在香港生活，對地產的認知是價格會一直上升，直至我們年輕時為老闆考察日本物業市場時來到東京才改變了這觀念。

來到日本最大的城市，以為物業價值很高，但原來很親民！找了幾間物業代理，查詢購買有上升價值的物業，但幾家代理也告訴我們沒有，當下非常詫異！「點可能！六本木不是很受歡迎嗎？」

慢慢才明白箇中原因，日本的物業主要分為兩部分，建築物和土地。

建築物的價值只會一直下跌，頭十年的跌幅最厲害，就例如木造建築物，二十多年後價值就會歸零。

至於土地的價錢就有機會上升，但是土地升幅通常跟不上建築物的跌幅，造成了在日本買物業資產通常跌價的現象。

當然亦有特別例子，這幾年大廈類型物業資產的升幅頗為顯著，大阪、東京，甚至沖繩十多年樓齡的大廈，有些價錢已經上升超過一倍。但在偏遠地區例如北海道，或是一些鄉下地方，你會看見一些地產商的宣傳策略是購買 1,000 尺一戶建，送你 20,000 尺的土地，看上去好吸引，但他們不會死錯人的。因為這些土地基本上是沒有價值，甚至是一種負累。當你擁有土地後，便需要繳付資產稅、地租和維護費用等。有些地區沒有明文規定，但土地需要保持一定的美觀。

在郊外城市常有正在出售的一戶建。

　　由於這個獨特情況，不少人放棄承繼這類型的遺產，造成了建築物荒廢、土地丟空的現象，所以大部分日本人都不介意租屋，因為成本上的分別不是很大。

　　這些情況對於在香港長大的人很難想像，簡單來說，在日本買樓就像在香港買車，入住之後就會開始跌價，頭十年的跌幅最大，之後便會慢慢平穩，最大的共同之處，是兩者的價值也會慢慢降低。

很多人喜歡先購買土地再根據自己的需要而興建物業，這可能是橫跨兩代人的投資。

你的家「壽命」有多長？

常聽説在日本置業很容易，200,000 至 300,000 港幣便可以做業主。既然回報那麼高，為什麼向來好東西不會外流的日本又會把這些「筍盤」留給外國人？

這個就和他們的認知有關，先讓我們從最底層説起——建築物物料。

日本建築物料通常有三種：木頭、鐵骨（內部支架是金屬，外層會鋪設隔熱和防水的膠板）和本島比較少見但沖繩非常常見的水泥。雖然水泥的建築成本最高，但在沖繩這個貧困地卻很常見。

不同的物料有不同的「壽命」年期，例如木造的只有二十二年，鐵骨三十多年，水泥可以去到七十五年。當這些建築物料「壽命」到期時，並不代表建築物會倒塌。這些「壽命」是銀行為建築物設定的折舊率計算，只要超過這些年期，建築物本身的價值基本上會歸零，物業就只剩下土地價值。

不同物料的建築物有不同的「壽命」。

　　銀行會設定這些「壽命」是因為舊的建築物維修費用會上升，而這些成本對銀行來說是一個風險。所以香港人購買這些便宜物業，其實只是購買土地，上面的建築物可以當作是贈品。

　　那麼為什麼日本人自己不會購買？日本人喜歡新樓，日本人購買新物業的比例為全世界最高，曾經佔市場 80%，當中原因和日本政策有關。日本銀行會為新物業作出 90% 至 100% 低息借貸，讓更多人能夠負擔得起。至於舊物業通常不能夠達到這個比數，在資金不足的情況下，日本人便傾向購買新物業（聽上去好像有抵觸，但其實買車也是一樣，情況很接近）。

好了，說回建築物材料，為什麼沖繩比較多水泥建築物？因為沖繩一直是颱風帶，水泥建築物最為耐用和擋風。亦是因為這個原因，近年日本被颱風肆虐，沖繩基本上沒有什麼災情，因為沖繩的城市規劃本身就是根據颱風而制定。

奉勸各位在本島購買物業時，也要開始想一想颱風和河水泛濫的威脅了。

海景的代價。

颱風天沖繩人會做什麼？

日本本島過去很少受到颱風吹襲，但近年因為氣候轉變導致颱風北移，吹襲本島的颱風比沖繩還要多。

香港人遇上颱風吹襲，停工停課的時候就會去酒樓喝茶和到戲院看電影。那麼一直受到颱風吹襲的沖繩，居民在颱風前後會做什麼呢？

不論是哪個國家，在颱風前大家也會去市場上倉，沖繩一樣，只是沖繩人的目標可能和你所認知的有少許不同。

一個颱風前夕的晚上，我們來到超級市場購物，一進門口媽媽就發現購物車全都沒有了！探頭入店內看看，很多人都在排隊付款呢。

媽媽一個箭步衝進去，真的空空如也！沒喇！我們的目標沒有了喇！

但好像有些不妥？是一種不協調……為什麼這家超級市

場缺貨的，全是薯片？其他食物全部原封不動。

沖繩人自小有一個習慣，當受到颱風侵襲時，大家便會外出選購零食！因為沖繩居民已經習慣時常會受颱風影響，早已在家中儲存一定數量的糧食和日用品。所以每當沖繩出現緊急狀況，首當其衝的便是薯片和酒！

颱風前變的空空如也的薯片貨架。

至於米、罐頭和即食麵等主食則仍然堆滿在貨架上，所以沖繩是全日本最肥胖的地區也不是沒有原因的。

那我們來的真正目的？當然是跟其他人一樣──薯片。再說一次！沖繩不是日本的日本！

颱風時居民都會乖乖留在家喝酒吃薯片，沖繩不像香港，沒有分多少號風球，沖繩只有籠統的強風和超強風等。不過居民已經有一個共識，颱風的危險程度不是由天文台直接決定，如果沖繩的超市提早關門，大家便要小心這個颱風，否則，那只是一個普通颱風。這個做法持之以恆，已經成為沖繩居民觀看颱風的寒暑表。

颱風之後居民便會去油站，起初我們以為大家的目標一樣，因為停電而擠在車子裏，所以在颱風過後便馬上加油，但後來發現油泵不用排隊，原來居民是為了洗車才排隊進油站。

因為沖繩打颱風時的雨水不是淡水！在颱風過後玻璃會有一層鹽鹵，這層鹽鹵會加速金屬生鏽，為了保養車子，所以居民便第一時間去洗車。

洗車是沖繩人在颱風後必做的事。

如果住在一戶建的話，颱風過後居民便會馬上洗屋，除了鹽鹵會沾玻璃外，還會對外牆造成腐蝕，所以很多沖繩居民的家中也會購買高壓清洗機。

　　颱風對沖繩來說已經是司空見慣，但對於本島，則是未來的一個新威脅。

你真的了解
日本飲食文化嗎？

日本人生活習慣給你的印象是什麼？

健康？壽司？喝酒？綠茶？天婦羅？自動販賣機？

其實在過去十多年間已經慢慢地改變。

以飲酒為例，2008 年日本全國消耗了八百五十萬公升
酒，十年之後，只剩下大約八百萬，跌幅十分驚人，而且數
字仍然在每年遞減中。

說到綠茶，大家應該會想起靜岡縣，但其實鹿兒島才是
現時的出產龍頭。

那麼迴轉壽司呢？當年由元綠壽司發明的玩意，到了今
天元綠已經不再成為日本的主流壽司店，取而代之的是「壽
司郎」和「くら」（有扭蛋的那一間）。「壽司郎」的業界第
一位置牢牢鞏固，比第二位的「くら」高大約 40% 左右。
即使在疫情下，營業額仍然錄得增長，主要是因為他們的外

賣部分做得非常好，但其實外賣的利潤非常低，只有幾個百分點。

住下來才發現日本人真正的生活習慣和我們所認知的很不同。

壽司不是日本人常食的菜餚，通常在特別日子才會吃，只是迴轉壽司讓壽司通俗了，令更多人能夠吃得起。但日本人常常會在家炸天婦羅……難道不怕油煙嗎？

每天日本人真正吃到肚子裏的綠色蔬菜其實不多，但他們會吸收另外的纖維，例如豆類。在認知中一定是綠色的菜，原來在日本並不一定的。

沖繩人已經不再長壽，由於受到美國文化影響，高鹽高糖高脂肪多肉的飲食習慣，讓沖繩人早已和長壽扯不上關係。沖繩人的肉消耗量更是全日本之最！

你知道日本現時最受歡迎的國民食物是什麼？是炸雞！

傳媒描述日本的炸雞已經進入戰國時代，這一點也不誇張。在我們家附近短短一公里的路，已經有幾間不同的炸雞專賣店，無論去到哪個場合，也會吃得到炸雞！

炸雞,才是現在日本食物的王道。

在日本,周不時都有新的炸雞店開張。

到底中華料理是什麼？

去日本旅行，相信行程中都不會特別加入中華料理，但其實日本吃到的中華料理和香港的是非常不同！

當年爸爸和媽媽去日本旅行的時候，媽媽每次都說要吃中華料理，爸爸當刻的反應當然是：「癡線！在日本吃什麼中華料理？浪費了旅行時吃飯的配額！」

但是和媽媽去過幾次日本旅行之後，漸漸地爸爸也成為了日式中華料理的愛好者。

由於日本人的口味不同，所以在烹調中華料理上口味也會有所分別，相對香港吃得到的味道，日式中華料理會比較清淡一些，還會加入日本的食材和烹調方法，味道仍然豐富。在日本人心目中，中華

中華料理總給人一種既陌生又熟悉的感覺。

料理是不太辣的麻婆豆腐（日本人比較不太吃辣）、茨汁炒麵、肉燒賣（沒有蝦）、煎餃子、天津飯（在日本以外找不到的茨汁蛋飯）、無骨蒸雞（由於餐桌禮儀，日本的大部分食物已經去骨），還有蒸豬肉包。

以上的料理都離不開一個主要元素——茨汁。這種汁在日本以外的地方很難找得到，其中一種主要材料是他們的鰹魚高湯，例如天津飯，日式會用蟹肉（便宜的會用魚肉蟹柳代替）放在鰹魚高湯裏，澆在蛋和飯上，另外有一種炒麵，很像我們的肉絲炒麵，但茨汁就多很多。

當然，每一餐中華料理都離不開餃子，説實在，香港的鍋貼口感比日本的好，但很多日本餐廳會選用當地的新鮮食材製作餃子，這種纖細的味道，在香港是吃不到的。

中華料理未必是壽司魚生般的高級料理，卻因為價錢相宜成為日本人日常的 Comfort food，當然也包括我們。

這些很不中華的中華料理加上日本本地食材，成就了一種新的體驗。

職人精神——
只專注做一件事？

以前長輩常說，日本人很專注，一間餐廳過百年來可以只出售一種食品，然後把出品做到盡善盡美。對，這是長輩的年代，而在我們這個年代，正見證着一種改變。

這些百年老店仍然非常受歡迎，新世代會懷着感恩的心光顧百年老店，但去到家庭餐廳時心態便完全不同。餐牌上固定的菜式已經沒有辦法令他們光顧，以著名家庭餐廳大戶屋來說，每個月也要推出新菜單，作出變化才能吸引顧客再次光顧。

甚至連有百年傳統的和菓子老店都要推陳出新，跟隨市場需求。在百貨公司的地牢，亦即是超級市場的食品部分便能看到這種改變。不管你是老式和菓子還是法國藍帶廚師製作的蛋糕，只要研發能力比較弱的店，客人多數上了年紀，而且為數不多。常常推陳出新的店卻其門如市，一些期間限定的 Pop-Up Store 通常都會大排長龍。

小時候的卡樂 B 薯片只有幾種味道，現在每個星期都

會推出幾種味道。他們的做法通常是首先推出所謂「期間限定」，放在便利店內出售（他們有非常完善的物流鏈，能夠接觸到全國不同客人），測試市場反應，如果反應好，便會正式推出到其他銷售渠道。大部分零售食品也是沿用這種模式，客人亦知道如果要找新的食品，便是光顧便利店（對，通常比超級市場貴）。這樣一來，便利店、食品製造商和客人也達到自己的目標。

客人的要求也跟隨時代改變，他們曾經很喜歡外國貨，香港人認識的「業務超市」幾年前就是靠着平價和外國食品打出名堂。店內 90% 以上為入口貨品，但時至今日，這個比例已經下降到 50% 左右。

至於主打均一價錢的 ¥100 店每天也有不同的新產品，他們標榜每個月平均有八百款新產品，才能滿足消費者的需求。

日本顧客現在所追求的不再純粹是品質，轉為傾向新鮮感，對於價錢反而比較沒有那麼敏感。

你看漏眼的溫泉規矩

到日本旅行，很多人也會選擇浸溫泉，但對浸溫泉的禮節又認識多少？原來有些規例就連日本人也會看漏眼呢！

傳統上，溫泉是禁止有紋身的人進入，但這條規例近年開始放寬，有些溫泉酒店已經容許有紋身的人士進入，而有些則會要求先把紋身遮蓋才進入。在過去，紋身是日本三合會的象徵，溫泉不想引起顧客不必要的顧慮才禁止有紋身的人士進入。至於三合會會員也會遵守這一種潛規則，不會進入溫泉，所以這就解釋了為什麼即使遊客身上有紋身，進入溫泉時也沒有受到太大阻撓，因為他們的真正目標是特定人士。

另外，帶到溫泉的擦身毛巾不要放在溫泉水裏，可能很多人也不明白為什麼，因為日本人用這種毛巾來擦身體上的污垢，也就是老泥，你可以想像得到嗎？

至於溫泉旁邊的枕邊，其實是不可以坐的。因為浸溫泉時人們會把頭放在枕邊上，所以當你坐在枕邊，其他人的頭

就會和你的屁股有間接接觸⋯⋯只是這個禮儀很多日本人也忘記或者不明所以。

但有一種認知，卻把我們的固有觀念打破。

很多年前我們帶着 Mia 去工作，當時的她還是一個手抱嬰孩。那時候我們和其他母親談起去附近旅行，我們說很可惜不能浸溫泉，其他母親馬上瞪着我們問：「為什麼？！」

我們回答：「因為 Mia 仍然未戒尿片，怕她會不自覺地尿尿。」這些母親聽到之後哈哈大笑，她們說：「想得太多了！我們很早的時候已經帶小孩子去溫泉，一起享受。」

「不怕他們尿尿嗎？」我們奇怪的問，因為日本人很注重清潔。

「不怕！溫泉水是生的，水會流動，排走污水，不用害怕！」這些母親理所當然的回答。

聽到的當刻真是打了個突，完全顛覆了我們的認知。在餘下的行程，我們帶了 Mia 去溫泉，但溫泉水對初生嬰兒來說還是太熱了，最後還是下不了水。

不知道各位男士有沒有留意，很多日本人去完廁所後沒有洗手？

Mia 長大後也很享受浸溫泉呢。

日本可以隨地放煙花嗎？

首先，日本也不是隨地都可以放煙花。

到了夏天，日本各地便會有煙花大會，超級市場、便利店、玩具店或平價連鎖店，例如激安會有五花八門的煙花出售。煙花其實是一種真正燒錢的玩意，但如果你有女朋友或是小朋友就會買，包括我們。

每年夏天也會有人查詢沖繩哪裏可以玩煙花？日本哪裏可以玩煙花？哪些商店款式選擇多？

首先，煙花不可以隨處玩。

以沖繩為例，我們打電話查詢過市政府，市政府叫我們查詢地區政府，大部分地區政府其實也是支吾以對，沒有一個確實答案。因為大部分日本人，也會圍在花園或是家裏停車場一起玩煙花，總之就是私人地方。

只有一些旅遊區，例如位於沖繩西面的著名度假區域

Mia 和鄰居在花園玩煙花。

「恩納村」，便清楚說明公園（很多公園有告示不能放煙花）和沙灘也不能放煙花。

　　但沖繩南面就沒有限制。

　　不同地方有不同的措施，但有幾點都是共通的：在民居附近盡量不要喧嘩，日本人主要會在晚飯後玩煙花，不會太晚，因為也不想打擾到鄰居。如果入住的酒店批准在他們管理的沙灘內玩煙花，也請將聲量放輕，因為如果本地居民投訴，就會引起其他人的不便。

　　無論在哪裏玩，希望大家不要忘記收拾乾淨才離開。

疫情扭轉日本經濟

新冠肺炎肆虐全世界,日本也受到重重打擊。但除了超級市場外,有些行業和餐廳卻其門如市,從中得益。

和北美洲一樣,家品店成為疫情下其中一個受益者,營業額直線上升,因為疫情期間政府要求多種店舖暫停營業又或者提早關門(日本不是強制性,而且有津貼),但和民生有關的店舖並不在要求之列(連理髮店也是⋯⋯)。家品店和超級市場當然屬於民生企業,市民留在家沒事幹也沒地方去,便不約而同地去家品店購物,裝飾居所。其中人造草皮成為了熱賣產品,因為戶外場所關閉,大家便把後院重新裝飾,享受日光浴。

居酒屋和迴轉壽司店成為重災區,因為不准賣酒,居酒屋不再是居酒屋;迴轉壽司店則因為食物在顧客中巡迴,看到也感到害怕,所以這些餐廳也要轉型——燒肉店。燒肉店有強力抽風系統,而且食物來到後會再加熱,讓大家能夠放心進食,成為疫情下的餐飲大贏家。

由於日本憲法規定人民有出入自由，因此政府所推出的規範便沒有絕對的規限，只能夠從商業着手，減少商業設施開放以控制人流。於是政府不停發放資助金給商業機構，若果商戶不遵守，政府就會停止發放資助金，又或者由地方政府發出低額告票。

　　東京這些大城市的商戶計算過，如果營業能夠賺更多錢，他們便繼續營業，沒有後顧之憂，畢竟政府的津貼未必能蓋過他們的成本，而在比較鄉下的地方例如沖繩，甚至大阪就會比較遵守規則。

　　疫情發生的時候，在日本生活其實沒有什麼大限制，除了大部分餐廳早點關門外，生活如常。日本，可能是當時全世界最自由的國度。

駕駛這回事

很多人喜歡在日本自駕遊，尤其是去沖繩把自己的雪藏牌拿出來解凍。事實上，沖繩的確是一個很適合把車牌解凍的地方。

相信大部分人都覺得日本交通是非常安全，日本人亦相當遵守交通規則，但這其實不是必然的，要看地方，先不說跟香港差不多的東京大阪，在九州開車已經比較進取。沖繩和本島的開車文化有些不同，入鄉隨俗，亦為了自己的安全着想，給點耐性吧。

日本法例規定車輛中不可以安裝流動電視，但全日本很多車都沒有遵守，常常可以看見司機一邊開車一邊看電視。按規定，開車的時候不可以戴上耳機，連踏單車時也不可以，但又有多少人會跟隨？

例如沖繩等的鄉下地方開車會比較慢，亦比較禮讓，在十字路口、便利店出口等位置他們會預留空位讓車輛進出。車輛被禮讓後，會閃死火燈以示感謝，相反，如果把這

些路口擋着，就會受到司機的怒目而視。

日本人很少使用汽車響號，因為他們覺得這樣非常不禮貌。當你在路上看見明明是綠燈，但四方八面的車都停了下來，很大機會是因為有人在看手機，沒有留意燈號，而後面的車輛又不好意思響號，於是變成了無盡的等待，經驗之中就試過這樣完美地錯過了綠燈呢。

相反，當綠燈亮起時也不要馬上踩油衝出去，因為很多車會無視剛剛才轉的紅燈而衝過去，這種情況每日也會看見好幾次，沖繩、大阪或是福岡也很常見，所以為了保護自己，還是先等待一下吧。

學車時教車師傅會告訴你「小路讓大路」，這條金規玉律理論上適用於全世界，但鄉下地方習慣了禮讓，小路的車輛基本上不會多看便直接衝出來，尤幸通常速度不快，可以避過意外。另外，開車的時候不要跟車太貼，很多鄉下地方的司機説停便停，即使是狹窄的道路，他們也不會留意後面的車輛能否通過便停車。愈是鄉下，這個情況就愈常發生，可以做的不多，通常還是等待。

那麼不開車，坐巴士和鐵路可以放心點吧？

嗯……要看哪些地方。電視常常會報道有些汽車走在行

你所不知道的日本生活日常

人路上,常見的原因是不想兜路,所以會在行人路上反方向而行一小段路,這情況在其他地方可能比較少見,但對沖繩人來説基本上已經成為生活的一部分,行人早已見怪不怪,甚至很常見到行人路成為停車處呢。記得我們去租店舖的時候,問業主有多少個停車位,他們回答有兩個。可是,我們怎樣也找不到那兩個停車位,結果他們指向門口的兩個行人路位置,説這裏可以停車。

喔……大家來日本開車時還是小心一點吧。

在沖繩,這種泊車方式很平常。

日本政府是怎樣運作的？

這篇文章不是説黑金政治，而是作為一個市民，怎樣看日本政府的運作。

由於工作需要，我們會參與一些政府的運作，例如沖繩觀光局或是 JA 農林水產省的沖繩戰略未來方向。

日本政府絕對不是一個高效率的政府，但在某些層面上透明度其實非常高，運作模式千年如一日——保險路線。宏觀地看，日本政府不會是領頭人，但當事情有新進展，他們卻會跟得非常貼，再配合制定新的方針。

就用新冠肺炎疫苗接種為例子。

日本批核疫苗的速度在七大工業國中是最慢的，因為他們會先留意其他國家的反應，評估過能夠承受風險後便會批准。

怎樣接種？他們首先會設定進度日期，和其他國家一

樣，先是醫療人員，之後到老人家和其他接種人士。但事實上，老人家的接種進度比原先預定時間落後了兩個月。正當世界說日本落後時，政府的修改政策馬上出台，急起直追，短短幾個月就成為了接種率最高的地方之一。

日本政府就是這種工作模式，觀察、推出政策、修改，最後擴大政策，這種做法的效率不是最高，卻最能夠平衡各方面。

政策推出初期，又或者準備推出的時候，政府會放風聲給傳媒，看看市民的反應（不論是什麼政策，日本傳媒也會作出批評，這是一個不變的定律，只是在批評得太過分時，政府便會反彈。NHK 主播有馬嘉男便因為在直播中把首相批評得太過火而被切換……），政府會因應批評聲音而改變政策。

這些透明的地方，也是容易猜測的地方，只要留意時事，便能估計得到政府下一步會做什麼。

至於不透明的地方就是沒有提出的議題，這些議題普通人通常不會觸碰得到，但當你提出這些疑問，他們便會閉門會議，至於如何得出結果，就不得而知了，例如工作簽證，他們會突然間收緊規例（注意不是修改，是收緊），令人無所適從（註）。

在日本居住，有辣有唔辣，就看你的心態。

活在當下吧！

註： 我們不是移民顧問公司，但我們的潛水店每年也要申請員工簽
證，所以接觸到很多移居的新資訊。

認識日本醫療系統

　　看日劇，其中一個長青的題材就是「白色巨塔」，亦即是醫療系統，究竟日本醫療系統和香港的有什麼分別？

　　由於爸爸患有一種很罕見的癌症，所以一直是醫療系統的長期「顧客」，無論是香港還是日本，足迹可謂遍佈各醫院，甚至還成為了香港大學的研究對象。

　　基本上日本的醫院全部都是私立，所以沒有排期看醫生的問題。日本醫療是一個半強制保險制度，政府會叫市民加入國民健康保險，理所當然的是要繳交保險金，費用多寡就按收入而定，低收入家庭甚至會得到政府的全額津貼，由於是半強制性關係，所以有些人沒有加入亦不會觸犯法例，只是當他們需要看醫生時就沒有保險代為付款。

　　普遍來説，看醫生時病人只需要繳交 30% 的診金和藥物費用。例如你做 MRI（磁力共振掃描），正常收費是 ¥100,000 的話，你只需繳付 ¥30,000。如果要做手術或一些特別治療例如電療，可以申請高額醫療津貼，最終繳付的

費用一定比 30% 少，但日本醫療系統的計算方法其實很複雜，還有很多不同的情況，這裏就不敘述了。

若從遊客的角度，最常見的問題是醫院能否用英文溝通？簡單的回答：不能。但由於愈來愈多外國人使用他們的醫療系統，所以很多醫院都會提供翻譯，如果是和醫生溝通的話，其實是可以用寫的！日本的醫生也是用英文學習，只不過他們很少用英文溝通，所以書寫較會話容易溝通。

爸爸的日文雖然已經有進步但仍然很不濟，加上媽媽已經放棄陪伴爸爸看醫生，所以當爸爸無法用日文和醫生溝通時，就會使用書寫，萬試萬靈！

我們居住的沖繩算是鄉下地方，所以會遇上醫療設備不足的情況，爸爸就試過被轉介到東京治療，聽說住宿費還能夠申請補助呢！

至於入院情況和香港有什麼不同？

爸爸在日本醫院進行過幾次手術，最大的一次切除了肺部 25%，但是留院時間最長的也不過是五天，其中一個原因和完善的醫療服務有關。

當不幸被告知需要做手術後，便會開始一連串的 SOP

（標準作業程序）。

香港的 SOP 很簡單，醫生轉介→做些簡單檢查→手術前一天入院→做完手術觀察幾天→回家。

日本的 SOP 其實大同小異，只是每一個步驟之間加入了日本人的細心和對病人的考量。

由於醫院是私營的，手術排期相對鬆動，通常不用排隊，爸爸的經驗反而是他自己還未預備好（笑）。

醫院首先會和你約談，看看你的心理質素，得知你已經準備好做手術，他們會詳細告訴你關於前期的準備、手術會做什麼、手術後需要留院多久，還有物理治療計劃，最後他們會問你想住哪種房間。大房容納六個病人，費用全免，如果要求有浴室的房間又或是單人房，他們會根據你的情況編排，例如感染風險較高的手術，他們會盡量安排單人房，減少感染機會，至於單人房的價錢，一天也只是幾百元港幣。

沒有問題，就可以進入下一步。

醫院會先跟你做更詳細的檢查，確認患處和手術位置。如果需要進行從口腔進入的創傷性手術，例如抽取活組織，他們會幫你洗牙，因為牙齒有很多細菌，即使你剛好已

經洗完牙，他們還是會幫你再洗一次，爸爸就試過一個月洗了兩次牙。

在手術前的一天，醫生會再親自面見病人，解釋手術過程，沒有問題的話第二天就會做手術！手術期間親友可以在等候室等待，醫生或護士會盡量更新手術情況，減輕親友的擔憂。

完成手術後，病人首先會進入深切治療部病房，親友都可以去探望，病人會穿上壓力襪和按摩機，防止水腫。

如果病人睡不着，可以要求安眠藥，請相信爸爸的經驗，這種安眠藥十分有效！每位病人會被分派一位護士二十四小時的觀察病人，這些護士無微不至，如果你睡着了，他們盡量不會打擾，如果需要做檢查，他們會在你蘇醒時九秒九撲過來。題外話，原來這些護士大部分都是合約制，可能每一兩年便會離開。爸爸其中一次手術的深切治療部護士是從北海道來，對她的印象很深刻呢！

當你稍為回復精神，可以在深切治療部看電視，他們甚至會把私人電視推給你！經醫生巡查過沒有問題便可以轉到普通病房，如果獲編排單人病房，親友可以陪伴過夜。

進入普通病房後便會開始安排康復過程和預計何時可

以出院。日本人做什麼都好，他們總會把時間說得鬆動一點，例如把預計七天的康復期說成十天，這樣病人便會因為能夠提早出院而更加開心，就像爸爸的出院時間永遠是預計的一半左右。

使用日本醫療系統讓爸爸感受最深的是醫療人員比香港充足，工作沒有那麼繁忙，大家所做的每件事都是想令病人盡早康復，照顧病人的身體狀況之外更會照顧病人的心情和食物等。護理人員對待病人的親切程度就像好朋友般，所以每次手術之後，我們也會訂一些糕點送給他們作為答謝。

至於醫院提供的食物，每餐都有頭盤、湯、主菜、甜品、生果，有時甚至會出現魚生！如果用膳時間 Mia 剛巧在房間內，一定會跟爸爸搶食，因為這些食物實在太可口了！

至於價錢方面，按爸爸的經驗，若果沒有醫療保險，進行肺部手術後入住單人病房一星期，大約 ¥1,200,000 左右，比香港的私立醫院便宜很多！

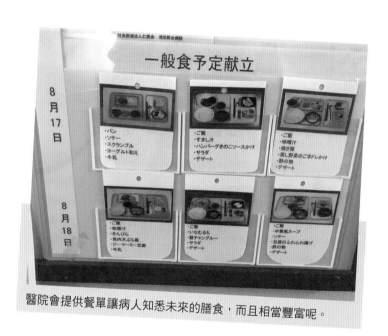

醫院會提供餐單讓病人知悉未來的膳食，而且相當豐富呢。

你所不知道的
日本商業職場

日式營商手法

移居沖繩前爸爸和媽媽有一段時間幫爺爺開拓日本的家俬市場，那個時候要遊走日本各地，種下了移居日本的契機。

爺爺的家俬廠很早之前已經有發展日本市場，但最後因為跟進不善，被買家放棄了。除了產品不達標，歸根究底是因為工廠職員未能跟上日本的文化。

當我們再次接手這個市場時，首先當然是聯絡舊客戶，這些客戶通常是日本家俬店的中間人。日本品牌在制定目標後便會交由中間人接手，由他們負責尋找廠商，能否取信中間人就成為成功的關鍵。

我們最初得到的回覆很負面，若果日本人會這樣直接說明，已經代表他們非常不滿，無論我們許下什麼承諾，他們也不會再相信。所以我們只能用行動證明，媽媽在生 Mia 之前是香港知名日本品牌連鎖店的買手，她把這種市場觸覺放在產品上，設計了一些迎合日本市場的家具，然後放在展覽

會上。果然來了一些日本知名廠商的設計師垂青，然而，由於這個市場很細，細得連他們的中間人就是之前不歡而散的中間人。

但這次有點不同，因為媽媽能夠說流利日文，可以和設計師直接溝通，所以設計師決定給我們一個機會。

事情就這樣順利展開……才怪！真正的挑戰現在才開始。

大家都以為日本市場很大，所以會一次過下大量的單？這絕對是個美麗的誤會。日本人對品質的要求很高，但數量不會多。當其他國家下單是用貨櫃來計算的時候，他們是用多少件來計算。外地對品質的要求沒有日本那麼高，但願意付的價錢其實差不多。

我們一路配合設計師的要求改進，但到最後一刻設計師的公司被收購，產品未能面世，只不過中間人看見我們的誠意，將我們介紹給另一個日本知名大品牌。

首先，大品牌多次派人視察我們的工廠，確定有能力完成他們的產品，之後就會交由中間人負責。

中間人定下的規定：每一張沙發誤差不能超過五毫米。

這是接近沒可能完成的，對於軟綿綿的沙發，大部分需要作人手拉扯的工序，根本是有意為難。但在交貨的時候我們發現，他們其實不太在意，超過誤差的他們也會收貨，這些規例是一個標準，但如果他們放寬誤差標準，廠商就會跟着更加放寬。但最重要的是，如果出現問題引來消費者投訴，廠商一早知道標準就需要負責任，退貨或賠償。如果消費者沒有投訴，那麼品牌、中間人和廠商便平平安安。

事實上，家俬很少會因為些微的尺寸誤差而被投訴。

那麼日本人的質量檢驗是否很嚴謹？他們會來工廠視察，但不能説是嚴謹。只是如果出了問題，他們的條款是令到廠商責無旁貸、需要全盤負責的。

雖然我們已經沒有再做家俬了，但知道日本品牌的運作方法，對未來在沖繩工作也有深刻影響。

至於常常聽説需要飲酒和交際？其實是需要的，但我們並沒有做。他們也不好意思叫媽媽晚上一起喝酒交際吧，但如果願意參與日本人的飲酒交際，事情會更加容易辦，其他行業也是這樣。

日本人出名工作嚴謹？

日本人給大家的印象是：做事嚴謹、遵守規則、顧及他人和守時等。

在某程度上，以上的形容是對的。但生活久了，便會從另一個角度看日本人：不懂得轉彎、為做而做、不敢作出突破和凡事也要徵詢上司同意。

無論是工作還是參加活動，他們都會給你長長的規例，花很長的時間跟你解説，最後要你簽名表明了解。其實，在解説十分鐘過後，你能記得多少？如果記得 70% 已經很不錯吧！不過，一旦簽名後，責任便落在你身上了，萬一發生了事情，你的上司當然可以卸責，因為他早已給你長長的規限。

在白領世界，下屬為免出錯，當然會在框框之內工作，而且還會把框框縮小，不敢越雷池半步。如果決策超出能力所限，逼於無奈會詢問上司，上司又再詢問上司，如是者變成無盡等待，只因大家也不想背黑鍋。

還有另外一個非常常見的極端情況，大家也明白規例是死的，所以只要不發生問題，大家也不太會遵守規例，用自己的方法完成事情。這種情況通常發生在比較多基層的行業上，他們的工作程序和守則所寫的基本上完全不同，例如餐廳明文規定需要將抹枱布和碗碟分開不同的鋅盤清洗，但又有多少人會遵守？只要沒有發生食物中毒事件，根本沒有人會查看。

還好，日本人從小受到教導不要給別人麻煩，所以還是會作出一些自我約束，自己的方法還自己的方法，但盡量不會給人添麻煩。

日本的教育從小便開始潛移默化。

開會文化

Mia 的學校發出通告查詢關於家庭網絡環境的狀況，你可能會問，這不是普通的學校通告嗎？其實是的，但同樣的通告已經是第二次發出，上一次是大約一年前。這非常能夠反映到日本人的開會文化，重複又重複……

媽媽在畢業後不久便開始為日本人開的公司工作。在我們來到沖繩之前，亦有在香港和日本之間做家俬貿易生意，對日本的職場文化別有一番體會。

到了廿一世紀，日本人其實仍然非常講求「信任」這兩個字，但要取得他們的信任，進入他們的圈子，並不是一件容易的事，主要原因是他們有自己的工作文化，如果用香港的那一套，他們未必會接受。

日本人非常注重面對面的溝通，即使已經建立了合作關係，他們久不久還是會到辦公室找你寒暄兩句，這種文化叫拜訪。對香港人來說，其實是一種費時失事又麻煩的繁文縟節，有什麼事情在電郵、電話裏說便可，沒有什麼事不用見

面!但日本人深信雙眼會勝過千言萬語。

坊間上常常聽見三顧草廬,用誠意打動目標人物,真有其事嗎?我們可以好肯定的告訴你:有!但方式未必是去對方的家或公司,大多數是去居酒屋或展覽會,但更多的時候,是靠人脈關係。日本人對人的信任有一種牽連性,要取得他們的信任,首先要取得他們朋友的信任。

日本給人的印象非常謹慎、規矩多多、條款如繁星。當初我們把家俬賣給日本一間著名連鎖店,他們要求每一張沙發的闊度誤差在五毫米範圍之內,對着這種人手密集的批量生產,大家也明白是沒有可能的,那為什麼還要把它放在合約上?

這與日本的市場文化有關,日本客人可能是世上最難取悅的人之一,當客人有所不滿,礙於雙方面子關係,並不會當面提出,而是當客人回到家後才會用書面投訴,那時候可能已經造成不可彌補的裂痕。因此,商家需要為自己購買一套保險,就是合約上那些怒人的條款!

無風無浪的時候,這些條款大家也不會細看,負責質量檢定的員工亦未必會依照標準做事。不過,如果出了任何差池,商家便會用這些條款發難,所以和日本商家長期合作的公司都會有一種自律性,要顧全雙方的長遠關係,因此日本

的產品能夠在這種情況下仍然保持一定水準。

這種情況也適用於日常生活中，政府法例規管包羅萬有，沒有發生什麼大事的時候，日本是一個很自由的社會，但當政府需要用到這些條款，日本就會變成一個令你喘不過氣的國家。

為了保障自身利益，衍生了一種獨特的日本文化——開會文化！日本流傳一個真實笑話：

一件事需要開會幾次，第四次會議討論第三次會議的內容，第五次會議討論第四次內容，再請示上司，之後回到談判桌上，會議永遠沒有完結的一天。

開會其實很浪費時間，如果沒有必要，會議上絕對不會看見我們的身影。當我們做老闆後也是這樣的！

逼你辭職的手法

老一輩常常跟我們説，日本人打工很長情，很多人一生人只做一份工。

在泡沫爆破之前，的確如此。

員工單一，對公司來説有好有不好。生產力一定會下降，創造力會降低，但他們的經驗能為公司處理很多棘手問題，所以過往一直沒有正視這個問題。直至 1989 年泡沫爆破，員工成為了公司的負累，他們的人工和福利是在經濟最繁盛時設定，當然會比較豐富。可是裁減人手會對公司造成負面形象，退休金亦會為公司造成很大的負擔，而且把人手辭退，外人看上去會覺得公司是否出現營運問題？日本很注重他人的看法，所以這些事情一定要避免。那公司該怎樣辦？

這時候，公司會選擇把這些員工投閒置散，想盡辦法令他們自己辭職，正因為日本人很注重面子，這些員工被後輩看到自己的狀況會覺得難堪，有不少人因此而辭職，但亦有不少人因為經濟問題只能夠繼續忍耐。還記得每次去沖繩的

入國管理局，就會看到一位年老的伯伯獨自坐在一角，從來沒有工作。這種寂寞的恐怖和精神壓力，如果沒有必死的原因，根本沒有辦法承受。

很多三十至四十歲的日本人已經置業，跟銀行貸款，還款年期通常超過三十年，換言之這些人不可以輕易離職，再加上日本銀行有不成文的規定，剛入職兩三年的申請者會被視作工作不穩定，拒絕借貸。

最後還是面子問題，沒辦法面對家人和朋友、沒有辦法告訴家人他們的醫療保險已經被取消。種種原因，造成這個孤獨的現象，直到泡沫爆破之後便走向極端。

泡沫爆破後，公司很少聘請全職員工，大部分員工也不會稱之為正式員工，即使每個星期工作四十小時以上，在同一個崗位工作了好幾年。但由於正式員工需要提供很多額外福利，繳交更高的稅金、保險和退休金，所以很多企業已經不會再負擔這些支出，造成大家好像沒有「固定職業」的社會現象，即使你已經是老員工。

但到了這個世代，事情好像又再翻一翻。由於招聘困難，公司再次考慮提供更好的誘因吸引員工，尤其是年青的公司，在這兩種模式之中找到新的夾縫。至於成功與否，唯有由時間去證明。

為何沖繩沒有這超市？

新冠肺炎導致很多商家破產，但同時也造就了一些新的轉機。

這是間香港人很熟悉，但因為土地問題而不會在香港出現的業務用超級市場——Costco（店舖需要很大面積，售賣的貨品也是批發形式，所以家裏也需要地方存放），疫情間他們一年生意額增長超過 20%！

Costco 的賣點是選擇多、質素高，而且價錢便宜，這間業務用超級市場簡直是俘虜了日本人的心。疫情期間不能去旅行、大家也擔心疫情惡化而囤積物品在家，因而令到他們營業額上升。

但最重要的還是價錢非常便宜和具有異國風情！店內出售的物品有很大部分是由美國入口，香港有間連鎖商店專門入口他們自家品牌的貨品作轉售，比較受歡迎的是果仁。

Costco 在全日本各大都道府縣也能找得到，除了沖繩。

很奇怪吧？大約 70% 的駐日美軍在沖繩，這間美國超市一定有市場，那為什麼不在這裏開？

其實不是 Costco 不想開，這個計劃多年前已經探討，也和沖繩政府交流過，但最後因為本地商家的大力反對，政府未能通過 Costco 沖繩分店開幕。

這其實是一片雙面刃，雖然能夠保護本地商業，但同樣是因為這種保護政策，令沖繩的商業發展比較落後，例如一般的啤酒企業應該是非常賺錢，沖繩的看上去也是，但如果扣除了沖繩獨有的稅務資助後，這些啤酒企業在這幾十年來應該從未賺過錢。

老一輩沖繩人常常説本島人過來沖繩賺了他們的錢，新一輩開始看見問題，改變了營運模式，利用自身優勢和文化反攻本島。

沖繩因為有美軍的關係，所以文化上比較外向，思想也比較開放。Costco 也重新探討進駐沖繩的可能性，甚至地點也選好，正等待市政府審批。

日本在某程度上真的很保守，但在這裏居住了幾年，見證着這個情況正無聲無息的快速改變，新一代正在急起直追，又例如以往移居日本多麼困難，現在審批已變得非常簡單，只是這些改變，沒有大張旗鼓而已！

走進本地人的商業圈子

在日本做生意和生活需要打入本地人圈子,除了是禮貌,亦是在日本開心生活的必要元素。

先讓我們說兩個故事:

◎ 一、備瀨並木

在沖繩著名的美麗海水族館附近有一個風景優美的旅遊區——備瀨並木,這裏曾經是沖繩集落、人口比較集中的地方,步道兩旁有古色古香的沖繩古民家,由於接近海邊,所以門前會種植了防風樹木,現在早已變成高高的古木,成為遊客打卡的熱點。當年的漁村已經轉型成旅遊區,唯一不變的是物業持份者和商店經營者全都是沖繩人。近年有一個不是沖繩姓的人在那裏開店,引起了社區的恐慌,甚至成為全個社區的討論熱話。居民擔心文化會被改變,營商者怕利益被吞併。

直至發現這個外姓人其實是在沖繩出世,土生土長的外姓人,事情才稍為告一段落。

◎ 二、國際通

第一次去沖繩旅遊一定會到國際通，就如大阪的道頓堀心齋橋一樣，約長 1.6 公里的國際通，左右兩旁都是店舖，是兵家必爭之地。但詭異的是，過去那麼多年來也不會看見店舖買賣的消息，因為這些店舖的業權集中在三十至四十組沖繩人手中，他們不會在市場上出售店舖，只會賣給附近的業主。這個情況持續到疫情發生，由於國際通變了死城，有些業主逼於無奈要找外人接手，才出現零星的交易。

國際通可算是旅客必到的景點。

其實這種情況在日本比比皆是，每個行業也有自己的圈子，他們設定了文化和潛規則，在規則上競爭，同時亦會互惠，交流情報，例如政府最新的發展動向。如果未能打入這些圈子，少則所有事情會被蒙在鼓裏，大則會受到惡意破壞。

沖繩有超過五百間潛水店,而著名旅遊勝地真榮田岬青之洞更是出了名的戰場,沖繩潛水行業被稱為合法的偏門,其中一個原因是入行門檻低,從事潛水業的日本人大部分學歷都比較低。

我們在沖繩經營潛水店青潛,從開業時的定位已經和本地潛水店不同,標榜全部用廣東話和中文溝通,希望填補一個語言地帶,讓不懂日文的人也能夠安全潛水。

青之洞深受旅客歡迎,是沖繩著名的潛水地點。

開業前我們已經誠意拳拳和各店打招呼，當然亦會告訴他們，我們的潛水店和其他的定位不同，希望大家好好共處，而這些老店也表示歡迎我們的進駐。其實沖繩每年都有很多新晉的潛水店，只是很多也會失敗離場。

可是第一天已經出現問題，本地的老店過來說我們沒有跟隨他們的規矩，對他們不尊重云云，讓我們的員工也受了不少氣，但我們算是外來人，而且也是新店，所以也只能夠忍氣吞聲。

隔了一段時間，我們做得不錯，那些老店便有點妒忌，開始在工作上諸多阻撓，欺負我們的員工，但我們始終是外來人，所以只能夠忍氣吞聲。這也是一種日本的工作文化，即使我們萬般不情願。

青潛是我們在沖繩經營的潛水店。

　　因此，我們嘗試進入他們的圈子，送禮、奉迎等，但仍然存有不少芥蒂。一個夏天過去，有一天他們突然邀請我們參加聚會。他們雖然在同一個戰場打鬥，但定期會有聚會，作為資訊交流，這也是日本的工作文化，而今次聚會的目的，是邀請我們分享怎樣聘請外國員工，原來他們一直請不到外國人，即使聘請到也做得不長，但由於這是商業秘密，所以我們拒絕參加。

　　第二年，我們公司的地點成立正式的潛水協會，並邀請我們成為會員。主席告訴我們，這些「老店」是不正式的，一直受到本地居民投訴，這時我們才知道，在日本工作埋堆，是需要認清地方勢力。

　　加入了潛水協會，其實是有些無奈，加入了就有義務遵守不同的規例；不加入的話，就不會受到本地規例規範。但如果不加入就會成為異類，在未來工作上會受到排斥，所以我們只能無奈地加入。「畀面派對」，是在日本生活和工作一定要遵守的潛規則。

　　居住了那麼多年，完全體會到日本人排他主義，又或者是社區的團結。半杯水滿，還是半杯水空，就看心理調節了。

No Harm Trying？

「No Harm Trying」（試試冇壞）是香港人的座右銘。日常生活中，從小的教育便是什麼也要嘗試一下。問一問人，如果他們說不可以，也沒有所謂。這也是香港人處事比較有彈性而產生的一種文化。

但在日本事情就不是這樣簡單。

媽媽在日本讀書時親身接觸日本文化，回香港後大部分時間都在日本人開的公司上班，供應商和老闆全都是日本人。多年的經歷令她很早已經警告爸爸，「No Harm Trying」在日本不一定行得通！

我們有一個朋友和日本人結婚，由於朋友的日文還未成熟，需要叫另一半作翻譯。疫情期間他們開了貿易公司和實體店舖，嘗試出口貨品到香港，但日本人有些堅持，即使在疫情下仍然不會妥協。

有一些產品製造商堅持不可出口，如果要出口就要在海

外有實體店呈現出來;也有一些是版權問題只能在特定區域出售。而這些產品通常是香港人喜歡的特色貨品。所以這位朋友嘗試接觸這些產品的批發商,試圖找到缺口,結果當然是無功而回。批發商亦不願意聯絡製造商查詢。「No Harm Trying」在這情況下就會碰釘。

在技術上,這些批發商只是把產品賣給一家日本註冊公司,要向製造商交代的話,這也沒有違反條款吧?而且在疫情期間銷售沒那麼理想,當作在本地出售,「隻眼開、隻眼閉」不就可以了嗎?在香港人眼中這樣看很正常,也會覺得在疫情時幫了對方一把。但是,這個就是日本人看重的「誠信」問題。當這些批發商知道貨品會被運到海外銷售,他們便馬上推掉,即使有生意也不一定要做,這是原則問題。

至於朋友的日籍另一半也不想瞞騙對方貨品會運到海外這事。日本人很看重自己的信譽,人與人之間的相處基建於信譽之上,所以更不用說逐家逐戶拍門碰運氣,基本上全行也會知道他們在嘗試破壞規則。

爸爸在影片中穿着的衣服有些是沖繩限定款式,目標是遊客,卡通品牌持有人只授權製造商在沖繩出售。我們接觸過這些製造商,想批發出售到香港,但他們的回覆是不可以,甚至我們自行網上購買後再賣到香港也不可以。有時候這種堅持,受制於不同層面,若果故意打破,牽連的可能不

只是供應商這一層。所以在這種顧慮下，很多人也不想打破這種道德枷鎖。

那麼香港人喜歡的「No Harm Trying」可以用在哪裡呢？就是多打電話、發電郵！如果這家供應商不願意，就再找其他供應商。直至有一間願意為止！

日本的營商環境和香港有很大差別，不是全部向錢看，還要看你的誠意和需要。能否取得他們的信任，就要看你有沒有尊重他們的文化。

日本很注重禮節和信用，地域限定的產品，連網上跨區購買也不可以，那就尊重他們的獨特性吧。

旅遊業門檻低嗎？

到沖繩後我們換了跑道，投身從未做過的行業——旅遊業。

寫文章和拍影片從來都不是收入來源，反而是一門蝕本生意，但這讓我們認識到很多不同的人，聆聽他們的故事，而我們自身就經營了潛水店。

在日本做生意好煩，好好煩，好好好煩（重要事情說三次）！

因為日本有很多規管，什麼事情也需要取得牌照，先説説旅遊業。

導遊：要取得牌照是非常困難。除了要精通日文外，還要熟讀那個地方的歷史和文化，考核時他們會抽問。日本的旅行團一定要聘請本地導遊同行，所以香港隨團的不是叫導遊，只能夠叫領隊。

旅行社：牌照分很多層。第一個牌照可以幫客人計劃行程，是，只是計劃行程。客人告訴他們計劃旅行多少天，他們便會幫你計劃，這服務是要付費的。這個也要牌照，很出奇？就連更改機票和酒店也需要另外一個牌照。那偷偷做可以嗎？我們的朋友創業初期便違規，原來被日本旅遊業公司放蛇……

包車司機：這個又是很困難的。商業用車輛的車牌是墨綠色，一看便知道。駕駛員需要經過考核，和導遊差不多，同樣要熟悉當地文化，因為包車司機其實就是一個導遊。當然必須要精通日文，包車的出租時間按每小時計算，客人要預早給他們行程再報價，其實這些包車公司的成本很高，請人亦非常困難的。又有多少個懂中文的人能夠取得這種牌照？

那麼我們的老本行潛水？這就更麻煩。

日本各行各業之中只有潛水和娛樂場所由警察監管，因此我們需要報告的事項比普通行業更嚴謹，巡查更頻密，另外還有保險和地方政治等不可告人的商業秘密。既然是商業秘密，當然就不能公開，哈哈哈！但可以告訴你，潛水業看上去營運簡單，但後來我們發覺像是上了賊船。如果可以再次選擇，我們應該會選擇從事另一些行業。

最後就是旅遊業是非常季節性的，北海道每年只有三至四個月是旅遊季節，沖繩也只有半年左右，其他時間基本上都是食穀種，所以到日本旅行時發現滑雪和潛水比其他國家貴，還請體諒。

旅遊業真是「你睇我好，我睇你好」對人歡笑背人愁……（下刪千字）

鍵盤戰士的誕生

日本人給你的印象是什麼？斯文有禮、不會給你麻煩和帶走自己的垃圾？這些都對的，但還有另外一面。

在經營家俬出口生意時，日本的代理人已經善意提醒我們，日本顧客什麼也投訴，很多律師會靠這些投訴賺錢。所以任何事情也要畫公仔畫出腸，例如產品說明書，他們會把閱讀對象當成小孩子來撰寫，保護貼該怎樣貼在枱腳上才不會刮花地方，如果你在說明書上列明，那責任便不在廠商，但只要有任何遺漏，就準備吃官司吧！幸運地那時我們有一位經驗老到的中間人，所以才不用體驗這種經歷。

當我們剛到日本時，受聘於一間民宿管理公司，直接面對消費者，那時候才真正認識到日本人的另一面。

我們的老闆是東京人，所以他非常明白日本人的心態。老闆設立民宿時設立了許多說明，巨細無遺，有多無少，但也收到不少投訴，例如不懂得開熱水爐、熱水暖得太慢（客人說型號太舊），颱風天窗戶風聲吵耳（客人說窗戶隔音不

好），花園有蟲（呃，沖繩是個大自然地方），諸如此類很多奇怪的投訴。當客人退房離開時老闆都會要求他們填寫問卷，但很少會收到批評的聲音。看上去大部分都不算負面，那以上的投訴是在哪裏看到的？

是民宿網站。

日本人不會直接投訴你，而是在回家後，又或是回家中途給你劣評和投訴。因為日本人從小的教育是內斂，不喜歡直接表達自己，多數人會把抑壓着的情緒在網絡世界宣洩，成為鍵盤戰士。幾年前，日本女星「知花小姐」就是受不了這些背刀而自尋短見。

不過，每個縣的文化也會有些不同。

東京比較嚴重，大家也會帶着面具；京都有點像法國，讚賞的説話可以是攻擊；大阪和東京有些相反，比較直接和好相處；至於沖繩則非常喜形於色，不滿意的可以馬上爆發出來，即使是重要場合也一樣……所以我們選擇了沖繩，不用提防！

日本的交際文化：酒

媽媽在日本讀書和同學外出食飯時，已經發現了一個自己接受不了的文化，差不多三十年後，當她在日本工作時仍然無法融入這個文化——飲酒。

大學時代和同學出街吃飯，重點從來都不是吃飯，坐下來先點一杯飲料。飲料剛到馬上就乾了，然後再點一杯，接着才開始看餐牌。日本居酒屋有一個不成文規定，每人也要叫一杯飲品，所以一入座，職員便會問你喝什麼，即使我們很慳家，也會為 Mia 點一杯果汁。因為如果叫免費的冰水或茶，其實是有些於禮不合（如果我們那天想省掉這杯飲品，就會去家庭餐廳）。

對於當時仍是工作能力有限的大學生來說，其實是頗為吃力的，即使自己不喝也要夾錢，因為日本人對 AA 制的接受程度有限。在九十年代，一頓晚飯最少要 ¥4,000，絕對不是一個小數目。不過到了現在，一頓晚飯仍然是 ¥4,000，因為日本沒有通貨膨脹，或者應說他們發明了一些省錢的方法。

　　日本有時候會聽見二次會、三次會,那是什麼意思?轉場。從一間餐廳轉到另一間餐廳,有時是遷就遲到的朋友,但更多時候是為了省錢。

　　日本有一種餐廳的模式是 ¥1,000 包含幾種小食,飲品任飲或半價,限時一小時。時間夠了,留在同一間餐廳不划算,他們便會轉去另一間同樣模式的餐廳,轉場兩三次,價錢才 ¥3,000,不用 AA 制,也不怕荷包乾涸。

部分餐廳有提供限時一小時的飲品任飲或半價優惠。

　　但是如果是商業會面,當然很少這樣做,太 Cheap 了吧。

　　在日本的商業世界,飲酒交際是必要的動作,日本企業

之間會互相拜訪，明明沒事沒幹也會約時間見面，寒暄兩句，甚至會定期到其他城市做拜訪。我們覺得這樣的拜訪很浪費時間，反正我們也做不了最後一步——晚上喝酒。

兩杯到肚之後無所不談，最主要的還是增加人脈，朋友帶來朋友，在輕鬆的氣氛下開展關係沒有那麼拘謹。雙方作情報交流，生意關係就是這樣維繫。

我們在日本工作有這種深刻體會，合作伙伴很熱情地邀請我們參加他們的聚會，更事先告訴我們會有什麼人出席，言下之意是為我們作介紹，但每次我們也會非常不好意思地婉拒。不是我們清高，而是因為我們有家庭，移居到日本就是希望過簡單的家庭生活，現在的收入足夠我們生活，就不去強求太多了。但相反，如果年輕一點需要搏殺的話，這種聚會便是不可多得的機會。

兩代日本人

從十多年前開始接觸日本客戶，之後在沖繩生活了幾年，看着日本兩代人的變化。我們所接觸的人，有老闆也有設計師，更多是初出茅廬的小伙子，但他們之間好像有一條沒法打破的鴻溝，而這條鴻溝會隨着年代而轉移到下一代身上。

記得做家俬出口的時候，日本買方的代理人，一位五十歲左右的紳士向我們抱怨：「現代的年輕人，只懂得吃和追求設計！」

這句說話深深印在爸爸的腦海中，當時的第一個反應是：「什麼？就是因為日本的設計和食物出色我們才喜歡日本，有這些年輕人接棒不是很好嗎？」那時代理人身旁就是一位著名的設計師。

後來我們用了很多時間來詮釋這句說話。

因為在他們心目中，現代年輕人未學行先學走，自身未

有穩固的根基，卻追求浮誇的表面。舉個例，製作一個造型漂亮的蛋糕，但原來所有材料也是預先買回來，沒有研發的根基，目的只是要搶眼球，他們不屑年輕人這種做法。

在年輕人的角度，他們追求的是生活質素，能夠用最短的時間做最多東西，因為潮流很快便會過去，他們必須追趕着當時的潮流，因此沒有時間把東西從零開始研究，只能修飾現有的東西。

我們經歷過兩個世代，發現年輕人最初的行為只是處於過渡期和探索期，很多人最後會發現自己的真正喜好，然後回歸初衷，沉醉下去。

但是亦有批人比較守舊，拒絕改變。在好的角度看是保留傳統，但跟不上時代巨輪，而最初的火也開始被磨滅時，最後只會被淘汰。

這種情況我們在沖繩的體會非常深。

2015 年初剛到沖繩的時候，沖繩根本不是一個日本城市，極其量只是台灣的高雄吧。觀光局百年如一日，介紹的旅遊景點年年如是（後來明白當中包含很多商業因素），餐廳好像只有幾間，食物亦只得兩三種特產。但在幾年後，突然間看見不同的景象，新產品推出的速度連我們也跟不

上，每個星期也聽說有令我們提起興趣的新餐廳。

直至我們慢慢接觸到不同的沖繩人，發現日本開始了世代交接。沖繩人分為兩批，一批非常上進；一批安於現狀。上進的一批大部分曾在其他地方留學，可能是美國或東京，他們看不起安於現狀的人，銳意改變社會，而成果慢慢浮現。

疫情為這批人提供機會，無論是沖繩、東京還是大阪，新世代抓緊機會創業，短短一年已經開始看見成果。大家不妨留意一下，你們覺得有趣的商店或產品，會不會是這兩年才突然間冒出來的？

你所不知道的
日本教育制度

書蟲育成計劃

如果有看過我們的部落格，應該會知道 Mia 是一位書蟲，自小就沉醉在書海中，但她絕對不是異類，這要歸功於日本的閱讀氣氛。

日本的幼稚園不會教學生寫字，學生要到了小學才開始學習五十音。不過很多學生在幼稚園時期已經識字，至於能認識多少就要看同學——學生最初的學習對象是同學的名字。學生會觀察文字而學習讀音，為了認識朋友，本能的求知欲會引發他們的閱讀興趣，從而開始閱讀。

在疫情期間，仍然可以看見書店很多人，當日本解除緊急狀態令後，書店的人流就像超級市場般，購買書本需要大排長龍。那日本是怎樣培養這麼多書蟲？

和香港不同，日本書商非常鼓勵小孩子閱讀，他們會在書店開闢一片小孩子的天地，有假草地和人造樹木，大部分書本也可以隨意翻閱，感覺像圖書館一樣。放假的時候 Mia 就會嚷着要去書店，她可以在那裏逗留幾小時呢。

日本書店的設計讓小朋友沉醉在書海中。

　　日本書籍種類繁多，只有你想不到的，沒有出版不了的，熱門如怎樣使用 iPhone 到非常冷門的昆蟲種類，也有不同的愛好者。甚至，不同類型的書有它們的專門書店，例如同人誌，字面的意思是「志同道合的人出版的書籍」，現在通常代表自資出版的刊物。這在日本書籍市場佔很大的比重，但因為書籍很分散，需要去一些特定書店才能找到比較齊全的目錄。

　　或者你會問，難道書店不怕客人「打書釘」後不購買嗎？當初我們也有這種想法，但發現自己家裏的書愈來愈多，Mia 的書、我們的書……基本上每次去書店都會有斬獲。一本好書會讓你想擁有、想回家細味，這種感覺是電子

設備仍然未能取代的。

　　不過後來我們覺得這樣買下去不行，於是改去圖書館，減少到書店的次數，反正對 Mia 來説，未看過的書就是新書。

　　這樣的市場策略除了成功令到家長買書外，又培育了愛書的新一代。當他們長大後，又會把這種思想灌輸給子女，所以大家在日本乘搭公共汽車時，可以看到很多人手上仍然有一本書。

　　在香港，你只會看見最新型號的手提電話。

為什麼進入學校前要脫鞋？

到過日本旅行的話應該都知道，日本大部分地方是需要赤腳進入的，先在玄關把鞋子脫掉才能入內，傳統上玄關位高一級，沙塵便不能輕易進入家中，這是日本的傳統智慧。

無論是進入學校體育館或是祭典展覽場地，大家也會習慣把鞋脫掉，換上自備的室內專用鞋。爸爸過去十多二十年也是穿着拖鞋，有一次參加 Mia 學校的運動會，沒有預備室內鞋，誰知道要參加家長的跑步比賽，那一次便使拖鞋底穿了個洞。

有沒有想過，尤其是學校，為什麼會有這個習慣呢？原來，這是一個關乎安全的決定。

每間學校也有很多個入口，但學生一定要到學校正門把鞋子脫掉，放在有自己名字的鞋架上，再換上室內鞋才能夠進入學校。學校的地下其實非常污糟，學生會赤腳走進操場再走回學校。但依我們所見，學校從不干涉，畢竟這是童年的一部分。那麼，如果不是衛生問題，為什麼要多此一舉？

學校鞋櫃的功能不止擺放鞋子那麼簡單。

　　答案是方便算人數！從鞋櫃中便知道學生有沒有回學校或缺課，如果學生的戶外鞋一直放在鞋櫃的話，學校便可以留意學生是不是出了什麼問題。

　　這方法一直沿用至今，但其實很多日本人已經忘記了實際作用。至於那雙室內鞋，其實就是白飯魚，這雙鞋每星期也會拿回家清洗，除非小孩子忘記了……對，我們家常有發生。

認識日本的小學教育

日本政府為 2016/17 學年起入學的學生進行教育改革，着重互動教學和啟發性，為學生準備現在還未存在的職業，另外亦由小學三年級開始推動英語教育，聘請母語為英語的老師！

日本公立學校雖然學費全免但雜費也不少，開學時的教學用具費用、畫具、書包、泳衣、樂器（例如口風琴）等幾萬日元。再按月繳交午餐費 ¥4,000 至 ¥5,000、書文具費 ¥2,500 至 ¥3,000，一個月的花費便接近 ¥10,000，一點也不便宜！所以，如果家庭未能負擔這筆開支，是可以申請資助的。

家長也有「義務」，一定要參加一些工作，例如早上在街角看守、協助舉行運動會、籌款和晚上巡邏等，不論選擇哪個部門，總之必須參加！

每月也有家長學生互動日，例如遠足、讀書或觀課，而普遍家長的反應是：想大巴大巴的教訓自己小孩，小孩沒耐

性，家長更沒有耐性教他們！所以這些教學工作還是留給專業人士——學校老師吧！

老師上課也很具彈性，學校的上課時間是八時十五分，但老師叫學生早一些回課室，八時正、七時五十分、最後七時四十分到學校，因為學生的動作太慢了，未能完成上課前的預備工作，所以只好苦了爸爸媽媽。

小學一年級開始有功課，通常十至十五分鐘內完成，另外還有測驗，而晚上亦要自行執書包。

學校會教學生防災意識，可不像我們小時候在學校到處跑的防災，日本的防災意識教導學生一定要排隊、遵守規則，而且不要哭，因為這樣會聽不到指示。有一次一家人去旅行，半夜時分酒店響起火警警鐘，我們馬上抱着五歲的 Mia 走到酒店外，她全程也沒有哭，只是緊緊的抱着爸爸。幸好最後證實只是一場虛驚，那時我們問 Mia：「為什麼沒有哭，你不怕嗎？」Mia 回答：「很害怕！但老師說這些情況不要哭，跟着爸爸媽媽便可以。」

還好小學的種種責任沒有磨滅到學生的童真，即使考試不及格、功課沒做，老師也不會給他們太大壓力，至少 Mia 數學不合格是沒有問題的！在他們如此年幼的年紀，最重要是啟發自律性和訓練團體精神，學業倒是迫不來的。

同學住在附近、相約一起上學、放學後和同學一起去玩（香港的家長羨慕嗎？），爸爸小時候看《櫻桃小丸子》卡通，總覺得那是卡通才會出現的情節，但原來都是真的！在沖繩生活後，才發現《櫻桃小丸子》其實是日本學生的寫照，亦慢慢地感受到很多笑話，那些角色的內心描述是如此真實！《櫻桃小丸子》是用卡通把幼稚園生和小學生的生活表達出來（男生比較像《蠟筆小新》）！當她們上課談天，當然會一起被老師罰站在走廊，而當父母得知後，全是大笑，完全沒有任何責罵。

　　可以在沖繩上學，最幸福的是父母，可以一起擁抱小孩的童年而不是讓他們在補習班度過，亦不必為小孩學業擔心。放學後、下班後和放假時便是一家人的時光。這種平淡的生活，在這年代好像成為了奢侈品，所以嘛，最幸福的一定是父母！

小學生一起上學去

你知道嗎？《櫻桃小丸子》和《叮噹》的劇情是真的！

我們鄰家的小妹妹今年剛剛升讀小學一年級，每天早上，小妹妹會來按我們家門鐘，找 Mia 這位大姐姐一同回校。（每次問 Mia 要不要弟妹，她都會回答：「鄰居便是我的弟妹，要玩的時候找他們玩，吵架的時候便回家，不用困着，多好！」我們語塞。）

日本鼓勵小學一年級生便自己上學，又或者連群結隊上學，還記得 Mia 小學一年級時的鄰居我們不太認識，所以每天早上也是由我們送她回學校。當 Mia 第一次獨自上學的時候，我們比她更害怕，還偷偷的跟在後面，直至看見她安全進入校園，才放心和感到自由！我們自由了！早上不用再換衣服送 Mia 回學校，日本媽媽們也不用花時間化妝，只要穿着睡衣在門口送別孩子便可以了。

這絕對是一大德政！

學校也會協助訓練小朋友，就從他們放學回家開始，讓我們節錄一下訓練過程吧。

在幼稚園階段，便會訓練小朋友過馬路時舉高其中一隻手（Mia：沒有分左右的）。讓駕駛人士較容易察覺到他們的存在，當看見小孩子舉高手過馬路的時候，車便會停下來。久而久之，我們會在馬路上看到小學五六年級生，甚或中學生舉高手過馬路。

每年 4 月小學新學期，小學會向小學一年級新生派發一個螢光書包套，讓車輛特別注意。這些書包套通常是由當地企業捐贈，順便打造企業形象。當家長看到這個反光套時也會特別留意他們，隨時伸出援手。有些地區例如北海道特別早天黑，反光書包套便大派用場，而小孩子也會戴上顏色鮮

Mia 和鄰居女兒每天都會一起上學，小學一年級的鄰居女兒背包上會戴着螢光書包套。

艷的帽子，增加識別度。

那麼下課怎樣回家？學校有一套循序漸進的方法。

老師會把路程相同的小一新生集中起來（註），分批把他們送到住所附近的街口，讓他們習慣回家的道路。幾個星期之後，學校便會鼓勵這些小朋友自己聯群結隊一起回家，老師便能夠功成身退。

最後就要看家長願不願意放手，而我們應該是最後一兩個放手的家長。當學期開始了幾個月，過了暑假後媽媽留意到已經沒有家長送學生回學校，我們才說服到 Mia 自己一個人走路回校，嘗試過這種自由的甜頭，便回不了頭（是家長），Mia 一出門口我們便喝着咖啡開電視看 Morning Show！

這代表我們的鄰居很幸福嗎？他們還有一位小弟弟，還有漫漫長路。

但有一個例外，每當下雨的時候，學校附近便會泊滿車輛，始終家長們也不想自己的孩子受苦。

註：　這個會根據學校而定，Mia 就讀過的兩間學校都是這樣。

日本的小三學生都在學什麼？

在 Mia 的功課中看見以下對答：

日本歷史功課題目：誰是 Perry？

Mia：東印度人

什麼？明明是美國人！

媽媽馬上拿起課本來看，Perry 是東印度……公司艦隊司令。因為 Mia 覺得後面的字太困難，所以省略了（爸爸和 Mia 正式相認！）

為了讓學生慢慢習慣學習的強度，日本的小學程度、功課量和科目都會每年遞增。低年級時每天的功課只有幾張紙，通常一小時內便能完成，到需要升中學時，情況便會差天共地。

日本的小學秉承了漫畫王國的傳統，就連課本裏面也充滿漫畫風格，甚至會用大家熟悉的漫畫人物提升小朋友的興趣，例如《櫻桃小丸子》。不過暫時未看見《龍珠》、《海賊王》，有理由推斷，高中時候會有《死亡筆記》！

在課本中總會找到漫畫人物的身影,例如《櫻桃小丸子》。

　　由於想自然地融入日本社會,所以 Mia 就讀於公立學校,每個月大約有 ¥2,000 至 ¥3,000 的學校開支,當中已包括課本,不用另外購買。

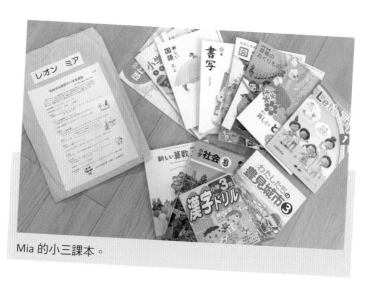

Mia 的小三課本。

Mia 就讀三年級時所修讀的科目包括：

英文：三年級第一次上英文課。學校會由 One Two Three 開始，雖然由 Mia 入學的那一年開始日本大幅度增強英文教學，聘請母語英語老師，但是日本的做事方法真的很慢，所以我們還是靠自己，唯一堅持要 Mia 上的課外活動班就是英文。

為什麼不是由 ABC 開始學習？因為在國語課上已經學會了，學習日文需要同一時間學習羅馬字拼音，所以日本人一早已經認識 ABC。

國語：也就是日本語文，爸爸從小看見中文課本內容便自動熟睡，即使在三十多年後，當爸爸看見 Mia 的課本，仍然有同一種感覺。

書寫：這個科目唯一目的便是教導你怎樣把字體寫得漂亮一點，三年級便開始用毛筆（想當年爸爸發現了科學毛筆，立即用零用錢買了幾支！但學校後來禁止了……）。不過看見 Mia 的字，就知道學校仍然有漫漫長路要走，加油啊！

數學：Mia 最討厭的科目，爸爸絕對體諒！爸爸計算蛋撻比例用了兩三小時，媽媽三分鐘便解決了。

音樂：每次把樂器帶回家練習，我們也想死。（爸爸：嘛嘛，想在這裏跟你說一聲，多謝你當年容許我在家練習小提琴！因為我現在一定不會容許 Mia 學習小提琴。）

體育：Mia 最喜歡當中的閃避球，但是看她和朋友玩耍，她只會躲避，不會投球。爸爸在加拿大讀書時常常和台灣同學一起組隊，總是血流披面地退場。躲避球，香港人通常不夠台灣人玩（躲避球的好處是打架後回家，嘛嘛分不出是躲避球還是拳頭）。

美術：Mia 最喜歡的科目之一，每年學期尾便把作品帶回家。幼稚園時，爸爸媽媽覺得很可愛，大叫 Kawaii 後珍而重之地留着。一年級，爸爸媽媽心想：「又來⋯⋯」。到了二年級，還未到家門口，爸爸媽媽先拍照上 Google Photo，馬上便會叫 Mia 自己處理掉。

健康教育：三年級已經開始解釋什麼是思春期⋯⋯想當年爸爸在小學時被三十多位女同學圍攻，那時還未到思春期，所以真的是惡意圍攻⋯⋯算了，這是極地生存訓練。

生活：會分為兩部分。當中包括自然科學，教導學生接觸大自然，教他們捉蟲。另外一個部分便是社會，帶學生到處接觸社會上不同的人和事物，例如買菜、參觀釀酒廠。對，從小學便學會欣賞酒精，怪不得日本人那麼喜歡喝酒。

最後的是德育：這個課題從幼稚園已經開始，老師會用一些耳熟能詳的偉人來感化小朋友，格林童話、華盛頓、林肯、桃太郎、小丸子、叮噹、忍者亂太郎等。作為家長最欣慰的，是學校讓小朋友喜歡上擦地板，所以家中的地板常常保持光亮！

　　下年好像有烹飪課，期待中！（爸爸：終於！我們兩老可以外出燭光晚餐，Mia 自己煮。）

Mia 烹飪課也是爸爸最期待的科目……你懂的！

讓人回不去的學校午餐——「豪華給食」

記得還未來到日本的時候，曾和一位年長的日本人談論年青一代，他慨嘆的説：「現在的日本年輕人只懂得吃和追求美觀」。聽後我們只能苦笑，因為日本從小就教育小朋友對食物的追求。如果這位設計師看到香港學校的午餐飯盒，可能會有不一樣的説法。

飲食非常能夠反映文化，相信大家也不會有異議，那麼日本的公立學校午餐是怎樣一回事，讓日本年輕人對食物如此有追求？

學校每個月也會發出通告告訴家長，學生每天的午餐菜式和食物出產地等資料。固定的是每天會有牛奶，二次世界大戰後營養缺乏，牛奶能夠補充營養，從那時開始牛奶便和學校午餐結下不解之緣。日本的午餐經過很多年的進化，起初只有麵包，後來慢慢加入米飯、餸菜，一步步走到今天的豪華午餐。

大部分學校也有自己的廚房烹調學生的午餐，款式由學校決定，沖繩當然會有很多沖繩傳統菜式，例如炒苦瓜

家長每個月都會收到由學校發出的餐單，當中會包括午餐菜式和食物出產地等資料。

（Mia 最不喜歡的菜式！）、納豆（Mia 最不喜歡！）、周打蜆湯（爸爸很想吃！）和 Stew 燉肉配麵包（Mia 最喜歡的菜式之一，非常高水準），當然還有日本的 B 級國民美食：炸雞和咖喱，而家長每年也有機會嘗試學校廚師的手藝。

另外，不同地方的學校每個月也有期間限定的食品，會用上當地的時令食材，例如蜜瓜、青森蘋果或大間吞拿魚，若以沖繩為例，芒果當造時會有沖繩芒果，也會有沖繩和牛。另外，由於受疫情影響有一些手信滯銷，廠商便轉送給學校成為小朋友的零食。

一份午餐的構成有：

湯（蜆湯／麵豉湯／沖繩傳統的豬肉湯等）

牛奶（沖繩 EM 牛奶）

飯（白飯／有味飯／有下飯的冷盤）

生果（西瓜／車厘子／蜜瓜／芒果）

甜品（朱古力蛋糕／士多啤梨忌廉蛋糕）

「豪華給食」相當豐富。

　　雖然形式上略有不同，但每間學校也會叫學生參與，學生會輪流當值，分成不同小組幫忙盛裝食物和分發。至於他們在分發午餐時所使用的圍裙，當值後需要帶回家清洗，學校會要求清洗後需要熨平，我們家的衣服基本上不用熨，所以每次看見這件圍裙便會叫救命。

　　午餐中大部分食物也是任意添加，如果不夠，小朋友可

以猜拳決定誰要（猜拳在日本具有權威性，輸的一方要服從，即使是我們也不能和 Mia 用猜拳來説笑）。

以我們的經驗，老師會用各自的方法鼓勵學生不要浪費。Mia 上年的班主任用獎賞方式，只要學生吃光所有午餐，便可以取得一個印花，滿十個印花便可以用來扣減功課！聽説這個方法大成功！

午飯的時候雖然不可以説話，但 Mia 説沒有學生會理會，而吃飯之後都會去玩，所以通常也沒有時間按要求刷牙。

由於搬屋關係，Mia 已經就讀過幾間不同學校，她每次轉校後也會比較哪一間學校的午餐好吃，是好吃！對她來説，學校「給食」是美好回憶。日本從小便為學生提供「食育」，不時不食，吃飯不只是飽肚，還要培養對品質的追求。

聽説沒有自己廚房的學校，便會提供豪華便當⋯⋯

我們曾經給 Mia 看過香港學校的午餐飯盒，她的反應是：「什麼！意大利麵沒有汁！這叫肉？這些午餐我不想吃！我會自己弄再帶回學校！」

就是這個原因，日本年輕人從幼稚園開始已經被教育怎樣吃，哪有回頭路？

「生命教育」──
關於食物的教育

　　日本從幼稚園開始便培養小朋友擁有良好飲食習慣、學會選擇有營養的食物，學校會利用不同的料理方法和豐富的食物種類以提高小朋友對食物的興趣和尊重，此舉可謂影響一生。

　　從幼稚園四歲班開始，學生會逐漸認識食物來源，食物方面全部由校內廚房製造，天婦羅和燒魚等應有盡有，而每天的食物也會有產地說明及營養金字塔。老師亦會借助吃飯時候教學生認識時間，當指針指向特定數字時，就要吃甜品或水果，當中會有提子、蜜瓜、西瓜和朱古力蛋糕，非常豪華！而最好笑的地方，是當午膳時間過了二十分鐘左右，老師宣佈可以添飯，學生便馬上衝出去選擇自己喜歡的飯餸！有些學生會把飯碗裝得滿滿，畫面就像《叮噹》中的技安一樣。

　　當幼稚園五歲班吃飯時，學生要輪流為自己組員端午餐，連湯也要端，亦有家政課，從種植、收割、切割和烹調一手包辦。

除了以上的教育外，幼稚園學生的吃飯時間會由四十分鐘慢慢縮減，因為到小學的午飯時間只有二十分鐘，所以要由幼稚園開始習慣，而 Mia 是全班最慢的一個，唉，只能說社會真殘酷！

幼稚園時，Mia 總是吃飯速度上包尾的一個。

到了小學便會更進一步，以下是一個真實例子：

電視節目講述有個地方出產左口魚，其中一班小學生開始飼養左口魚，半年後學生投票，要把左口魚放生還是全部吃掉。

投票結果是⋯⋯吃掉，部分小學生得悉結果後哭成淚人，有一些學生最後把魚吃下，有一些則堅拒不吃。

「好很變態」是我們當下的反應，明白箇中原因後，便覺得「好變態」。

這門課叫「生命教育」，在日本各地都有，目的是教導學生要對食物有感恩之心，因為食物是為你而犧牲，所以吃飯前要懷着感恩之心，而且不可以浪費。

這樣的教學，其實對小學生的心理影響很大，往後他們吃肉時可能會好珍惜，但亦都有機會變成陰影。

看電視節目的時候，Mia 也在場，她説：「我絕對絕對不會吃！」，而媽媽則説：「有些會養鴨……」

對與錯也好，幸好我們未遇上，吃飯前記得要懷着感恩。

不注重輸贏的運動會

常常聽説日本讀書壓力很大，Mia 仍是小學階段，所以還未感受到。目前感受到 Mia 有一個快樂的童年；我們有一個快樂的老年。每年參加學校的運動會和開放日，也會感受到很大的文化衝擊。

學校每年有兩次開放日，讓家長站在課室觀課，聽起來好像沒有什麼特別，但原來是可以試食他們的午餐！老師亦會把自己聯絡方法給你，讓你隨時了解學生的進度和問題，也會逐家逐戶進行家訪，了解學生的成長環境。

還記得第一年，老師帶着廣東話字典和翻譯機來我們家做家訪，老師知道我們是香港人，特意預備了廣東話的輔助教材！連通告也是有中文翻譯的！可想而知爸爸有多感動嗎？

但對話時馬上便發現，原來媽媽的日文比大部分日本人還要好……呃，想像到老師的挫敗嗎？哈哈！

從小到大，香港人對運動會的定義就是競爭，以跑步第

一或跳遠第一為目標。但在日本小學的秋季運動會,美其名是運動會,其實是一個集體嘉年華。同學之間不是要競爭,相反是要互相合作才能取得成果,就例如「籃球」,同學們合作將球丟進籃內,還有和父母合作的運動,這環節比較像是一個親子嘉年華。

相對起競爭,日本學校的運動會更注重學生之間的合作。

每個遊戲都有幾次機會,贏了,他們會跳勝利舞;輸了,又會跳輸了的舞蹈,認輸,是他們學習的一部分。還有一些由學生堆疊而成的金字塔表演,Mia 說,練習的時候一定會掉下來,但從來沒有聽說任何怨言(也沒有家長說危險),因為大家也向着同一個目標進發。

日本的小學不太注重學業成績,直到三年級的考試才開始出現分數,但分數只是讓家長知道學生的進度。Mia 可以

運動會中的金字塔表演。

一天拿一百分，第二天拿零分，分數非常不穩定，我們沒有上心，老師亦不會怪責。每年和老師面談時，老師會告訴我們這些事是小朋友的必經階段，成績不用上心。學校會放多一些時間留意小朋友之間的相處，有時候爭拗太多，老師會主動告訴家長，讓他們準備開解小朋友。

這種教學態度未必適合所有人，至少 Mia 現在四年級，我們仍覺得很受用。

噢，忘了說，運動會前後的準備全部由家長負責，搬搬抬抬等都是家長幫忙準備。由於人多勢眾，設立和收拾只需要半小時左右便可以完成！

讓音樂變得朗朗上口吧！

如果有經過日本的學校運動會，會聽見一些很熟悉的流行曲，這些音樂伴隨着學生們運動比賽。

在日本學校的運動會中不乏跳舞表演，這些音樂有侵犯版權嗎？

《叮噹》、《龍貓》、《GoGo American》、《鬼滅之刃》等，那學校使用這些歌曲會侵犯版權嗎？

其實這是日本特有的商業模式。

學校能夠自由使用這些歌曲，且不會侵犯版權，相反來說，唱片公司也希望這些歌曲可以被學校採用，在學生之中傳誦起來。

　　試問一下，有什麼宣傳渠道比從小朋友着手還要好？為了練習，小朋友會把這些歌曲背到滾瓜爛熟，潛移默化地受到這些熏陶。回到家中繼續播放或練習，家長們便成為了下一個宣傳目標。

　　搞掂！你再也逃不過這首歌曲以至相關產品，音樂便有機會熱賣。就如在三十年後的今天，有些香港的廣告口號和歌曲仍然在腦海中抹不掉。

過時的校規：地毛證明書

每年 4 月是日本新學年開始，所以 3 月左右社會便會再次談論這個抵死的話題。

高中入學時，學校需要學生家長簽署一份「地毛證明書」，那是什麼？

「地毛證明書」是一份嚴謹的聲明書，證明學生的地毛（頭髮）沒有經過加工、漂染等程序，是貨真價實的地毛。

這種地毛證明書不是笑話，而是真實的存在，東京仍然有大約 40%（註）中學需要學生遞交地毛證明書。地毛證明書需要由家長簽署，如果頭髮天生捲曲或不夠黑，需要由醫生簽署證明書和提供兒時照片作核實。有些游泳健兒的頭髮會因為長期受到泳池水侵蝕而脫色，怕麻煩便寧願把頭髮染黑燙直來避過學校的騷擾。

對此，著名洗頭水品牌甚至製作了短片公開控訴。

日本大部分學校也禁止染髮，若果頭髮違反規例，最嚴

重是需要停學。那麼如果有人天生是金色，染成黑色，是否犯了校規？

其實每個地區也有一些奇怪的當地校規，以沖繩為例，沖繩本地報章《琉球新報》訪問了六十八間高中，有六間學校的學生不能夠露營，另外有三十四間學校的學生需要事先向學校申請露營許可。

另外在同一個訪問中，四十一間學校原則上禁止（即是看情況）或直接禁止學生做兼職。沖繩是日本著名的貧困縣，若果不容許高中生做兼職，等於扼殺了很多家庭的收入。所以現實是，學生照樣做兼職，學校也知情，只要沒出現什麼大問題，學校也會隻眼開隻眼閉。定立嚴格規例但選擇性執行是日本一貫的做法，沒事發生時不會應用一般規例。

註： 資料顯示這些學校的數目正在下降，四年前大約 60% 東京都立高中需要提交，今年只剩下 40%。

學校 PTA 恐怖嗎？

聽說日本的 PTA（家長教師會）很恐怖，家長之間的權利鬥爭、單打等，其實媽媽在 Mia 進入小學之前也有一點恐懼，會否像「白色巨塔」一樣出現階級欺凌問題呢？

Mia 在一年級時就讀的小學，是一間所有家庭都需要安排一位家長參與 PTA 活動的學校，由於大部分父親都要上班，所以一般家庭都會安排母親參與 PTA，因為有些活動基本上很難特別請假參與。

PTA 的活動範疇很多，像一間公司一樣有不同部門，例如：園藝組、娛樂組、交通安全組、大型活動搞手等。各家長在開學後填回條選擇想參與部門的優先次序，如果有些家庭需要照顧未入學的兒童，會獲分派做一些不需要大量體力勞動的工作。媽媽本來想參與出席次數不算多的「數 Bell Mark 組」，就是買東西時貨品背面的鈴鐺標誌，學校會儲來換禮物，例如飲水機。但應該是太多人選擇了，最後媽媽被派到「娛樂組」，還好只是需要安排一年兩次的「親子活動」，工作不算太多。

那麼「娛樂組」是怎麼運作的？幾個組員在資深老師的解說下，知道要選組長、副組長，然後組長要代表出席定期的 PTA 大會，老師詳細說明了安排活動要預約室內運動場之類時需要走的程序，和娛樂組歷年來提交的報告書在哪個檔案櫃，所以報告書基本上照抄就好！最終其實只需要開會三至四次便足以舉辦一次親子活動了。

然後，基本上 PTA 家長都是沖繩媽媽，很純品，根本就不會有什麼欺凌發生！！媽媽所屬的「娛樂組」還會在辦活動後相約午飯慰勞自己兼聯誼呢。

還好我們是住在沖繩而不是東京，免卻了很多煩惱！

你還敢得罪 PTA 嗎？

九州怪獸父母分佈地圖

日本一間著名的教育用品機構寄來了宣傳單張，從資料中可以看見九州以及沖繩的怪獸父母分佈圖！

媽媽多年前為了早已沒有印象的小玩具出賣了 Mia，註冊在這間公司的會員表上（就像香港的媽媽會）。

這家公司便根據 Mia 的年齡，每一兩個星期寄來一份免費「玩具」，是每一兩個星期一次！有時是 DVD，有時是古老的紅藍立體眼鏡，記得 Mia 第一次看見這種眼鏡，就像我們到了月球的感覺！興奮新奇！

這些「玩具」存在目的只有一個，就是用小孩的嘴巴叫父母購買學習用具並成為教育用品機構的會員，然後再困小孩在家中，增加他們的功課。這是真正的作繭自縛，世途險惡！

Mia 這個笨小孩居然真的想購買，當我們告訴她這些是功課，她居然說想要多一點功課？！可是懶的是我們，我們可不想督促她！

但這是一種非常成功的營銷策略。

我們今次收到的宣傳單張是針對父母的，內容例出九州各地的月費會員，沖繩總計也有一萬二千多個會員！若以每個會員大約 ¥3,740 的月費來計算，單是沖繩，一個月已經有超過 ¥44,000,000 收入！

參加比例：

	人口	未成年人數	參加人數	比例
沖繩縣	1,450,000	250,000	12,491	5%
福岡縣	5,100,000	680,000	42,269	6.2%
熊本縣	1,748,000	240,000	12,058	5%
長崎縣	410,000	170,000	9,322	5.4%
大分縣	1,130,000	140,000	7,060	5%
佐賀縣	850,000	110,000	6,417	5.9%
鹿兒島縣	590,000	220,000	12,340	5.6%
宮崎縣	1,070,000	140,000	6,083	4.3%

原裝地圖來源：https://www.chiahsinsu.com/

最讓我們感到好奇的，是他們清楚列出沖繩各區的會員分佈，亦即是讓大家知道怪獸家長在哪兒！結果一如所料，我們現在所住的區域比較多本島移居者，所以最多會員，亦即是最多怪獸家長。而第二位，也是我們住過的社區──市中心。哈哈，我們被圍了！不過，這亦代表我們選擇的社區比較注重教育，只是我們選擇不辛苦而已（苦笑）。

我們常說沖繩物業價錢和校區掛鈎，通常是校區愈好，物業價錢愈高。那麼這個圖表和我們所認知的學校排名很配合。

沖繩的小學生會補習嗎？

在日本，很多家長都會為小朋友鋪路，希望讓他們考上一條龍的名校，這些一條龍學校，有些是從幼稚園開始，有些則由小學開始。

出名競爭激烈的，是位於東京的慶應義塾大学附屬學校，每年想考進附屬小學的學生數之不盡。傳說這所貴族學校的高中生有 60% 都可以直升大學（以前差不多是全部直升呢），很多人都想在小學時考進去，那麼之後十幾年就不用太擔心了。市面上亦有很多入學面試攻略、網上討論，相信很多家長都從嬰兒時期開始便訓練小朋友！至於其他家長，會考慮讓小朋友參與私立中學考試，也是為求多一些機會讓孩子入讀社會上公認比較好的大學。所以補習，當然是少不了的。

那沖繩又怎麼樣呢？

在媽媽觀察下，沖繩家長分為三類：「熱心教育」、「課外活動組」和「隨意」。

「熱心教育」：多數屬於調職族，由於家長每隔兩三年就被調派到不同縣市工作而需要搬屋，那麼小朋友就要時常轉校。為了在任何城市都能適應當地的學校，很多家長都會安排小朋友從小學低年級起便上補習班，因為不知道下次會不會被調派到東京那些學習程度較高的地區。如果小朋友自身的程度有差異，就會覺得很辛苦了。家長本身是專業人士的話，都會希望小孩子考進名校，所以小學階段就會參加補習班提升程度了。跟本島日本人結婚的沖繩人也普遍比較注重學業呢！

這類家長裏面也有熱心「英語教育」的，就是從幼稚園開始就讓小朋友去雙語或英語學校，而這類家長很多都是本地沖繩人！可能這是日本全國的熱潮吧，現在從小開始學習英文的日本人真的頗多，在 Mia 的同級裏，有幾個同學的程度都很高。

「課外活動組」：不參加或一個禮拜只去一次補習班，其他日子就讓小孩子學游泳、跳舞、樂器或珠算等課外活動。對家長來說最開心的是，游泳學校和某些課外活動設施會提供接放學服務，直接帶小朋友去上課！真是超級方便！

「隨意」：課外活動和補習班也不參與，這種家長以沖繩人比較多，而且愈離開市區這類家長就愈普遍，例如恩納村那些比較鄉村的地方，小朋友下課後就是跟其他同學一起

玩。其實，這造就了「慢活」心態，也沒有不好呀！

　　各家有不同的教育方針，而對我們來說，Mia 擁有語言根底、好奇心和對學習有興趣就好，那麼將來到哪裏發展都可以。在我們家，玩也是很重要的呢！

放學後和同學到公園做功課，好像回到了香港 70、80 年代的光景。

你所不知道的
日本冷知識

為什麼一人份壽司是十貫？

原來一人份壽司固定是十貫的！

　　NHK 有一個節目是我們一家人都非常喜歡——チコちゃんに叱られる（Chico）！每一集節目也會發掘一些有趣話題，Chico 賤賤格格的反應很討人喜歡。

　　有一次他們探討了日本的戰後壽司。

　　二次世界大戰之後，1947 年日本政府實施食物配給，

米和魚在配給之列，更加對餐飲業實行管制，除了特定餐廳外，所有餐廳也需要關閉，包括壽司店。壽司店「西早稻田寿司処＝八幡鮨＝」為了繼續經營想盡辦法。

如果收取客人的米換成壽司？當時的東京政府説：「不行！因為海魚也是管制食物！」

那麼……用其他食物取代海魚，例如冬菇、干瓢、雞蛋、淡水魚、蝦和貝類總共十種不受管制的食物呢？東京政府説：「可以。」

由那時開始，每個客人拿一盒配給米去八幡鮨加 ¥40（兌換成現時的價值大約為 ¥750），便能夠換取十貫壽司。這種做法叫壽司加工，收取客人的米，加工後再發還給客人，這樣便可以合法避過政府的規管，結果當然大受歡迎！

自此，十貫壽司漸漸成為一位客人的標準份量。

你的職業如此罕見？

日本有一些比較特別的行業，是在香港從未聽聞過的，部分正是因為日本的獨特文化而出現。

人口老化導致孤獨死的情況，先人過身的時候沒有人在身邊，時隔良久才被發現，他們的遺物就成為了一門生意。日本有一些專門處理這些遺物的「遺物整理師」，他們會先把先人的遺體安置好，再處理他們的遺物，一條龍服務，很多時候家屬都會讓這些公司全權處理。聽說有不少個案，都在遺物中找到價值連城的物件。

日本生活節奏緊張，很多人沒有時間去掃墓，於是便衍生了一種幫忙掃墓的工作，他們會幫手參拜、打掃，一年收費大約 ¥50,000。

要有結婚生仔娶新抱等人生大事，前題是要拍拖，但很多日本人都不懂得交際，所以衍生了這種行業——告白代行（幫手告白）！把告白內容寫在信內，他們便會把信交到你心儀的對象手中。至於你的對象接受與否嘛……就不得而知了。

另外有些比較「實用」的，例如公司犯錯，需要跟消費者或客戶道歉，但是員工或老闆不想出面，便會聘請道歉代行，扮演公司的員工去跟客戶道歉。這種工作算是個不錯的兼職，年收入可以達 ¥300,000！

　　除了道歉代行，若公司因為難以開口辭退員工或是員工不想親自辭職，都會找代行公司負責，辭退之後代行公司會把員工的私人物品送回家中，這種公司的服務相當完善，為免雙方有任何拗撬，甚至會有律師從中作調停，這些代行年收入大約 ¥150,000。

　　到了櫻花季節、煙花季節，甚至運動會季節，場地都是一席難求，家長參加學校運動會通常會找一個地方安定下來，因為那一天從早到晚也會留在那個位置。很多老人家更

煙花大會總是人山人海，一席難求。

你所不知道的日本冷知識

會早一天去霸位，希望能夠看見孫兒比賽（我們也收過通告，請在當天早上前來霸位），於是出現了場地代行，幫忙霸位。

還有一個想都沒想過的——Morning Call！打電話叫你起牀。他們的年收入可以有 ¥50,000。你一定會問：用鬧鐘不就好了嗎？這些服務使用者當然有鬧鐘，但有些使用者希望能夠與其他人溝通，打電話把他們叫醒，淺談兩句，讓他們的腦袋清醒一下，就能夠更快起牀，當然有些使用者是因為太過孤獨，希望能夠與人對話。

純聊天的媽媽生酒吧

相信嗎？媽媽生酒吧，是正經的酒吧！

身為老婆，會讓老公去夜總會，開什麼人妻俱樂部嗎？Mia 讀過不同的學校，校區也不算差，就像香港的九龍塘吧。在學校裏會遇上一些在職媽媽，例如日本自衛隊（有點匪夷所思吧！），亦遇過有些媽媽兼職做スナックバー（Snack Bar），是一種目標是男顧客的酒吧。

什麼是スナックバー？

スナックバー的招牌。

首先，這類型的酒吧有很多種，或許令你失望了，這種酒吧大部分都沒有色情成分。

傳統上日本人工作壓力比較大，下班之後想找個地方放鬆飲酒找人傾訴，而這些酒吧的媽媽生就成了傾訴對象，所以這些酒吧常常會用媽媽生的藝名作為招牌，客人來到除了飲酒傾吐外，還有機會吃到一兩道家常小菜。

有時候和朋友一起到酒吧，男性之間夾雜一些女性，氣氛總會比較放鬆吧，而酒吧內的客人也有機會通過媽媽生而成為朋友，互相傾訴。

那麼酒吧的客人是單身嗎？其實不一定。日本男性比較注重面子，遇上不開心的事未必會告訴家人及朋友，這個一買一賣的地方，真的是買開心。

在酒吧打工的人，不一定是為了錢，有些主婦在家裏也有自己的壓力，純粹希望找個地方飲酒，當作交朋友。

因此，很多日本妻子也放心自己的老公去這些媽媽生酒吧。在我們認識的朋友中，就有因為喜歡喝酒，而到酒吧做兼職的日本妻子，而她的丈夫亦沒有反對。在香港人看來，應該會覺得有點難以置信吧。

當然，有些酒吧醉翁之意不在酒，這便要看夫妻之間的信任了。

在居酒屋可以叫水嗎？

　　如果去到餐廳不想喝飲料便叫清水或茶，不是理所當然的嗎？但在日本，這卻是一個被持續探討的話題，而且雙方也有支持者。

日本的居酒屋的文化相當 Chill。

　　爸爸起初和媽媽去日本旅行的時候，媽媽便告訴爸爸去到居酒屋一定要叫飲品，這是禮貌！所以這麼多年來，即使媽媽很慳家，但去到居酒屋一定會叫飲品，也會為 Mia 叫一杯果汁，長大後就變成汽水。

媽媽説:「去居酒屋便應該遵從他們的文化叫飲品。對他們的營運來説,酒水是很大的盈利來源,客人也明白的。餐廳要有盈利才能撐下去,大家出來聚會吃飯都是要開心,那就開心地叫一兩杯飲品吧。」

基於對居酒屋的尊重,大部分人最少也會點一杯飲料。所以,當你在居酒屋坐下來時,便馬上會有人問你喝什麼。爸爸不是常常喝啤酒,也不想喝汽水,但為了尊重他們的文化,每次也會叫屬於付費飲料的烏龍茶。

如果在其他餐廳只點清水可以嗎?其實也是可以的,除了非常少數餐廳明文規定需要點飲料外,大部分也沒有明文規定不可以叫清水。所以這部分沒有絕對的對錯。

但如果是點熱水的話,部分餐廳則可能沒有提供,例如在夏天,不是所有餐廳也會售賣熱茶,那自然就沒有熱水。如果在本身設定為沒有熱水的餐廳點熱水,他們有機會需要特別準備,希望大家耐心體諒。

現在,各種飲料優惠百花齊放,例如首六十分鐘酒水半價、酒水限時放題和自助飲品吧等,優惠的重點是限時,可見他們的目標是流量,希望在一個多小時後便換過另外一批客人(詳見本書 P.101「日本的交際文化:酒」)。

對餐廳的尊重也是一樣，客人每人也會點一份食物，很少會點一碗拉麵兩人分享，除非是小孩子。媽媽對此非常抗拒，如果在旅行時吃不下的話，她便寧願在拉麵店門口等爸爸，也不願霸佔座位。

大家喜歡去日本的居酒屋，是喜歡他們的氣氛和文化，大聲點「啤～酒～」、碰杯的聲音、客人大叫好吃等，全都是居酒屋不可或缺的元素！而這種氣氛就需要飲料和食物的配合。

Mia 也很喜歡去居酒屋，因為我們會「逼」她喝汽水，哈哈！

報紙都在賣哪些廣告?

世界各國的實體報紙角色日漸淡化,但爸爸仍然非常喜歡看實體報紙,尤其是看裏面的廣告。通過廣告,能夠了解這個地方的生活,而社區專欄則可以讓我們融入社區文化。

每天早上起來,爸爸最期待的就是看報紙,首先會打開當天的減價傳單,看看有什麼減價貨品可入手,能夠搶購平價食材的滿足感,可不是金錢能取替到的!若果依照減價廣告購買日用品的話,一個月來省下的錢差不多足以支付訂報費用!

但是,哪個行業能為報紙提供最多數量和最穩定的廣告?

答案是殯儀服務!甚至連電視新聞片末也是墳場廣告呢!

每天大約有 20% 左右的廣告和殯儀業務有關。訃報、翻新墳墓、海景墳場、訣別式(靈堂服務)和現在大賣廣告的網上訃報 App!這種訃報 App 的功能比網上銀行更先進,提供二十四小時服務,要知道,沖繩的網上銀行在五點後便會停止營業。

殯儀服務成為報紙的主要廣告客戶。

報紙上網上訃報 App 廣告。

　　除了每天推送訃報，還可以透過 App 致送電子寄語、購買實體鮮花和實體函件，讓行動不便的老人家也能送朋友最後一程。

　　説不定，這個 App 會加入 Live 功能，直播靈堂供人弔念呢。

雖然科技革新了人們對訃報的想像，但有些傳統禮節仍然持續下去，例如喪中明信片，是一種通知親友，家中有人過身的明信片。但最離奇的是，如果提早訂購喪中明信片會有早鳥優惠，在離世前先訂好……吹脹。

購買喪中明信片還設有早鳥優惠呢……

早已存在的日本賭場

日本不久後會有賭場，其實是否成立賭場在日本爭論了很多年，大部分人反對賭博（包括我們），但賭博實際上早已植根在日本人的生活中。

賽馬，香港人應該非常熟悉，在日本也是盛事。

賽艇，比較少香港人認識，在人工湖內，駕駛者控制一架像電單車大小的快艇比拼速度，很受老一輩人士歡迎。賽艇公司亦會賣廣告，邀請明星作代言人。

鬥牛，這個只有在日本的少數地方出現，例如沖繩，當中少不了會有賭博成分，已經是公開的秘密。近年愈來愈多聲音要求取消鬥牛活動，但這是一種植根沖繩的文化，並不容易取消。

還有一種不叫作賭博但大家也知道是賭博——彈珠機（又稱：柏青哥パチンコ），玩法非常簡單，先購買鋼珠，一粒通常 ¥1、¥5、¥10 和 ¥20，銀碼雖小，但上落可以非常大，因為每一次需要購買幾百到一千粒。

在日本，不難找到彈珠機店。

　　買好鋼珠後，先把鋼珠倒入機器，向上發射，到達頂部便會經過一叢叢的關卡跌下來。和北美洲的彈珠機很接近，彈珠機會用不同的聲效和畫面吸引玩樂者，不同的關卡會令到你的鋼珠有所增減，由於加減速度比較慢，很多人都會坐在彈珠機前玩上大半天。無論是大阪心齋橋道頓堀還是鳥不生蛋的郊區地方，也可以找到這些店舖的蹤影，但這些店舖當然不是為了防止失智症而設置的。

　　拿着剩下的鋼珠，可以在店舖內換領禮物回家，例如家庭電器，很像大人版的歡樂天地，因為日本法例規定店舖內不可以換現金。

　　Come On，如果是這樣的話，彈珠機店還會有那麼多客人？

　　每一間彈珠機店門口也會看見一間神秘小屋，他們會將你的鋼珠換成現金，這在技術上沒有犯法，而且沿用多年，成為社會的灰色地帶。

　　大家知道嗎？其實遊戲機公司 SEGA 也是柏青哥起家的。

季節性失業

日本四季分明，有些工作只能在特定季節才可以做，就例如滑雪和潛水。有沒有想過從事滑雪和潛水的人，在其他季節會做什麼？

我們一直也有這個疑問，直至一次在北海道吃飯的時候從相熟的老闆娘口中得到了解答。

她的答案是：建築業。

很多滑雪教練或滑雪場員工在夏天的時候會從事建築相關的行業。北海道適合建築的月份不多，每年 10 月至翌年 5 月也有機會下雪，所以建築的黃金時間便集中在夏天的幾個月來。

加上建築業是非常辛苦的體力勞動工作，這些滑雪教練或從事滑雪場工作的人便能應對，一凸一凹剛剛好。除了建築業外，亦可以從事剪草、森林業等夏天才能進行的工作。當然，也有些人冬天在滑雪場工作，夏天選擇休息。

不少滑雪教練在夏天會轉為從事建築業。

　　而有一些熱愛大自然的人，夏天的時候會到沖繩做潛水教練，這種做法可謂十分普遍，其中一個原因是潛水教練和滑雪教練也沒有學歷要求，只需要有相關教練執照便可以教授，還能遊走在日本人最喜歡的旅遊地方！在我們認識的人之中，年紀最大的滑雪潛水教練已六十多歲，他熱愛過着這樣的生活呢！

車牌小知識

有留意過日本的馬路上有不同顏色的車牌和記號嗎？有沒有想過不同顏色各自代表着什麼？當中有一些記號必須要小心提防！

不同的車牌顏色背後有着各自的意思。

日本汽車登記的顏色分成兩組，黃色車牌代表 660cc 小馬力汽車；白色車牌代表普通汽車。日本在很久之前已經推行減排，所以對黃色車牌汽車有特別多的優惠。除了汽車註冊費比較便宜，使用公路、泊車，甚至違例罰款也會比較便宜。事實上在城市行走的話，普通的黃牌小汽車已經游刃有

餘，有些地方例如沖繩就特別歡迎這種汽車，因為價錢比較便宜，沖繩氣候潮濕，車輛很容易生鏽，即使這些黃牌汽車壞掉了也不會太過心痛。還有一個原因，沖繩人家庭鄰里之間非常緊密，他們盡量不想得失身邊的人，如果使用比較高級的車，有機會令身邊的人妒忌。他們有一個說法，如果看見你家停着一輛名貴車輛，那麼你應該交不到朋友！所以很多人也不敢購買，即使購買了也盡量藏在家中。但東京就不一樣了，因為大城市注重面子。

另外有一種車牌在沖繩以外的地方比較少見，但遇見時就要非常小心，看到車牌寫着Y（白色車牌）或A（黃色車牌）的時候千萬要小心，不要和他們發生碰撞！因為這些是美軍家眷的車輛，如果發生意外，就連普通警察也處理不到，需要找來基地的警察一同處理，而當中涉及的保險索償程序亦

如果看到車輛上車牌有Y或A字眼，就要特別小心。

會有所不同，複雜很多，處理時間亦較長。

最後，到沖繩後真的要放鬆心情，因為這裏的人比較禮讓，久而久之有些人習慣了在路口看也不看就衝出來，遊客看見應該會觸目驚心，但本地人已經習以為常，去到路口自動減慢車速了！

層出不窮的銷售手法

必須承認,日本人的銷售手法一絕!無論是包裝或是宣傳策略、配套,都會讓你心甘情願地入坑。

2019 年,有罐啤酒單純改變了包裝,便成為市場的搶購目標,缺貨了幾個月,最後啤酒公司要發出聲明請顧客忍耐,幾個月之後熱潮才減退,但當啤酒再推出新包裝時,又被顧客搶購一番。

新產品打着「期間限定」的策略,可謂萬事萬靈,當「期間限定」產品受到市場歡迎時,便可以告訴顧客「期間限定」產品載譽歸來,正式推出市面。當然,有一些季節性產品真的是期間限定,下年同一時間才會再有相同的產品。

不過有一些宣傳伎倆,是你明知有機會中伏,仍然會心甘情願地去,這種就是旅遊景點:
日本三大夜景
日本三大海灘
日本三大跨海橋
日本三大跨河橋

日本三大行車橋

日本三大石頭

然後差不多的時候便會推出「日本『新』三大夜景」，然後再過幾年又會推出「『元祖』日本三大夜景」。相信作為遊客應該也中過不少招，但每一次看見這些「三大」，又會忍不住排進行程，又或者購買來嘗試，中招之後會提醒自己下次要小心，只是年復一年，又會再次中招，因為如果景點真的是「三大」，不就蝕底了嗎？

其實這些「三大」很多時候根本沒有任何認證，幸運的話，電視台或會找權威人士作測試並作出評定，但更多時候只是村民自行製作的三大：什麼什麼村三大土產。

三大景點加上三大土產，完全中了日本人的心理，最後加上「期間限定」或「限量發行」等字眼，這條方程式就永遠不會衰老。

說起限量發行，有一個大家非常熟悉的限購商品，這一家店限購三盒，另一家店限購三盒。這種心態會令到你遊走兩家店買夠六盒，還會覺得賺到！這商品就是「北海道薯條」，但那明明不是限購⋯⋯

堅守日本傳統文化——
傳真機

有想過日本各地是怎樣把新冠肺炎感染資料遞交到日本中央政府嗎?

其實很久以前已經想撰寫這篇文章,只是一直把這個題材放在一邊。直至看見《日經新聞》,才驚訝事態多麼嚴重地⋯⋯笨!

在日本首都東京,把疫情數字傳給中央的方法——是使用傳真機(FAX)!

全日本各地的保健所每天早上九點起就會收到大量從醫生發出的傳真,保健所職員會先進行所謂的確認,然後用人手更新網上系統,把確診個案呈交到日本中央政府。

之後因有大臣在 Twitter 上指出這荒謬的做法,才設立了系統更新全國感染資料,但當中不包括東京、大阪和神奈川縣。

你沒有看錯,在 2020 年 7 月,日本首都東京政府機

關，處理新冠肺炎感染資料的總部，還在主力使用傳真機！！！！

或許很多千禧後可能只會在博物館中看見傳真機，其實傳真機的傳訊方式是把文件放進一體式電話內，通過掃描、打電話、壓縮、編碼後再發送到目的地，當目的地收到電話，便會進行解碼，自動把文件打印出來，這可是 1970 年代的高科技！但由於涉及到人手輸入的關係，忙中有錯，會影響到確診人數。其實，當由傳真轉到新系統後，已經證實發生了「重複」和「漏輸入」等問題。

數據量那麼龐大，當然沒有辦法一天內完成輸入工作，所以大眾當天看到的確診數字，都是三天前的資料，可別笑出聲！

不過傳真其實涉及到很多就職機會，所以當日本大臣要求廢除使用傳真機時，便有一些人為傳真機負責人員發聲：不用傳真機，這些人便會失業！怎辦？！

日本政府本來打算借着疫情這個契機更新這種系統，全面放棄傳真機，但在一年後，地方政府反對聲音太強烈，所以政府不得不放棄更新傳訊系統。

我們在沖繩也常常遇到這個情況。

有一位德高望重的沖繩稅理士，不會輕易接觸新客戶。媽媽在朋友介紹下便去碰運氣特意拜訪，當媽媽日後跟他的事務所聯繫再見面的日期時間，他居然要求：請以傳真提出可以拜訪的時間！

我們很佩服這些堅守傳統的人，所以決定把這個機會留給下一位有緣人跟他玩這個聯絡遊戲。

日本還有很多政府機構和商業協會的文件只接受傳真申請。所以即使到了令和年代，仍然可以隨時感受到昭和年代的影子！

隨處可見的日本傳統——傳真機。

哪個地區的生活指數最低？

相信大家也會認為生活指數和收入掛鈎，但是在日本，可能會嚇你一跳！

沖繩是日本的貧困縣，無論收入、學歷和出路也比東京大阪低，貧困兒童數目更是全國之冠，最低薪金亦是全國最低，收入只是東京的一半左右。正常會想，沖繩生活指數應該很低吧。

你以為！

沖繩是一個小島，什麼也需要從本島運過來，成本自然會貴，蔬菜價格更是冠絕全國。每次網購的時候，常常看見「國內免費送貨，除了沖繩和離島……」真是看到也會揪心

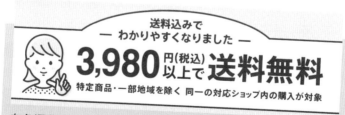

在免運費的宣傳圖上看到「除了沖繩和離島」，銀包君便不自覺的痛了一下。

口！還有很多商家不願意送到沖繩，因為怕運送過程對物件造成破壞，不想冒險。

那麼物業？常常聽見香港人幾百萬日元便能夠在日本置業。在沖繩呢？非也非也。如果要說便宜，只能夠說商業租金比較低，但同時人流也低。沖繩物業和香港一樣，已經和薪金脫鈎，建築費用也是全國最高……導致很多沖繩人結婚之後繼續和父母居住。由於沖繩天災少，亦不在地震帶，所以很多本島人把太太和子女留在沖繩，自己每星期來回本島工作，令沖繩成為人口上升得最多的地方。在宮古島，連住宅租盤也缺乏，租金甚至比東京的更高！沖繩生活指數雖然比較高，但質素卻是全國首屈一指的。這幾年也有很多人移居到福岡市，所以當地物業已經連續多年成為升幅最高的日本城市。

那麼生活指數最低的地方是哪裏？大阪當之無愧！

心齋橋附近只需要幾萬日元便能夠租到一房住宅，幾百萬日元的沿線物業不難找。蔬菜價錢比沖繩便宜幾倍，工作機會也較多。始終大城市競爭大，議價空間比較多，物流成本也降低不少。當然，這不排除和大阪人天生喜歡講價有關。

這個地區的喜事特別多？

按日本厚生勞動省 2020 年的統計數字，日本出生率已經連續第五年下跌，人口老化，超過一百歲的人連續五十一年增加，女性比例佔當中的 88%，而六十五歲以上人口佔總人口 30%，怕了嗎！

其中什麼也沒有的島根縣最為長壽，可能因為無慾無求吧。

不過，日本有兩個城縣的人口仍然有正增長，一個是大家熟悉的東京，但這與生育無關，只是因為其他地區的居民移到東京發展。至於另一個地方就是沖繩，沖繩人口多年持續正增長，除了天災比較少，亦因為疫情下大家也想搬到生活技能方便的「郊區」居住，所以沖繩就成為了首選。但最主要原因是沖繩的出生率高踞全日本第一位，數字更遠遠拋離其他縣。

由頭說起吧。

沖繩人比較早熟，十多歲已經結婚生子，所以結婚率也

是名列前茅，屬全日本第二。可惜太年輕結婚了，大部分的結局也是離婚，所以離婚率也是全日本最高。沖繩人生小朋友，生了一個，就會生第二個、第三個，去到第四個就差不多收手。還記得我們剛到沖繩的時候，常常被人問：「什麼時候生第二個？」

注意他們的用詞，不是「會不會」，而是「什麼時候」。

因為父母離婚了，沖繩單親家庭的數量也是冠絕全國，衍生的問題便是家庭教育比較疏離，令到小孩子早熟，如是者又會再次出現這個循環。

那麼全日本離婚率最低的地方在哪裏？答案是東北地區——秋田縣！至於原因，根據分析是因為他們有堅忍的性格。而日本電視節目則戲稱，他們離婚率最低是因為每次準備出門口簽字的時候，便會遇上大風雪，因為太麻煩了，所以雙方決定再忍耐一下。

不過有一個數字令很多人大跌眼鏡，全球的大城市結婚比率通常會比較低，但是日本結婚比率最高的地方，是東京！很詫異吧！

常常聽説東京工作壓力大，沒有時間組織家庭。政府有見及此，多年來一直努力提供支援：相親支援、生活支援

（稅務優惠、住屋政策）、教育支援（Pre-School 開始已經免費），每個月還有不少的資助金，生小朋友有錢收！雖然生育人數不及沖繩，但結婚人數便成功超越沖繩。

只不過，日本人平均結婚年齡連連上升，從 1990 年代的不足三十歲到現在三十三歲。然而，很多日本人到了三十多歲才驚覺：我還未結婚！要盡快了！

沖繩是香港人熱門的結婚勝地，但沖繩人結婚的故事真的是可歌可泣。

你所不知道的
沖繩二三事

沖繩與日本的歷史恩怨情仇

　　日本對於很多人來說已經超越一個旅遊地方，更會形容日本是自己的「鄉下」，如果能夠對這個地方有多一點認識，再次踏足日本時感覺會截然不同！

　　先來說一個故事。

　　從前有一小國，在地形上夾在兩個強國中間。北面的國家因為把門戶鎖上，對外的資訊和貿易只能悄悄地以這個小國作中轉站，至於西面的國家也是靠這個小國進入北面國家。

　　小國多年來也是那兩個國家的藩國，向兩個國家進貢，同時也利用自身形勢，左右逢源，從中得益，小國當時經濟繁盛，成為一顆東方明珠。

　　當北面國家宣布廢除這個地方的主權，小國內大部分人民大力反抗，求救於西面大國，而有少數人卻認為有了強大的國家為自己撐台。西面大國雖然沒有袖手旁觀，但極其量只有大力譴責。最後在歷史的洪流下，命運沒有辦法扭

轉，這個小國在國際舞台的角色也慢慢淡化，再次變回一條小漁村。大國為了統一聲音，將小國文化、語言滅絕，最後甚至把小國的人民帶到戰爭前線，最少幾十萬人犧牲（註）。

這個小國叫做琉球，亦即是現在大家所知道的：沖繩。北面國家是幕府時代的日本；西面國家則是明朝和清朝時的中國。

琉球王國很喜歡進貢中國，是不是很奇怪？怎麼有人喜歡送錢出去？事實是中國明朝限制海上經商，琉球王國進貢的同時會在中國收購大量商品轉售至東南亞地方和當時的日本（就像現在代購的雛形），後來薩摩蕃（現在的鹿兒島）也想在貿易上分一杯羹，才揮軍直入琉球王國。琉球王國和平了幾百年，當然無力反抗，馬上投降。

但有危便有機，琉球王國成為了日本進貢國，便有藉口遊走中國及日本進行貿易，在當時是絕無僅有的待遇。從那時候開始琉球王國便成為兩個國家的藩國，向兩個國家進貢，名義上是中國藩國，實際上是由日本決定行政事務。

看到這裏，可能有一個疑問，為什麼琉球最後歸於日本？

其中一個重要轉捩點是琉球漁民遇上風浪漂泊至台灣上岸後被殺，日本出兵為琉球復仇，中國願意賠償，並間接承認日本是琉球王國真正歸主，奠定未來的命運。幕府時代，琉球王國是日本唯一可以接收外間資訊的地方，統治琉球的薩摩蕃偉人輩出，絕對有關係。

日本既傳統又創新，成為獨一無二的文化熔爐，為什麼單看建築物外牆便能説出這是日本風格；中國的要加上笨重的顏色裝潢才能夠顯出中國風？日本天皇登基時穿着古服，安培總理卻穿着燕尾服，但大家都沒有覺得不倫不類？日本真的很奇怪！

原來這種我們欣賞的融合卻叫一些日本人擔心，但如果從香港人的角度看，説話中西夾雜，做事西方思維中國傳統，中西交融本身就是一種獨特文化。

可能大家未必有這種感覺，但看完這本書，必定對日本有多一些認識，例如：日本現在的食物王道是什麼？

註： 二次世界大戰沖繩確切犧牲的人數已經無從稽考，每年仍會追加新犧牲的名字。根據統計，在二次世界大戰中，當時大約每五個琉球人，便有一個因為戰爭而犧牲。

不像日本的日本：沖繩

沖繩是日本本島人首選的旅遊地點，每年有六百多萬本土遊客去沖繩，日本人其實很怕出國，很多人甚至沒有護照，亦不懂得説外語。沖繩的環境和文化與日本本島有很大分別，到了現在，仍然有日本人覺得去沖繩是出國旅行，甚至會詢問是不是需要護照？而沖繩就提供了一個不用出國的出國體驗。

沖繩的主權雖然屬於日本，但基於歷史原因，沖繩人不喜歡以「日本人」自居，他們會説自己是沖繩人或琉球人！

普遍來説沖繩人比較直接，喜形於色，和他們相處，會發現他們很不日本。有一個名詞形容沖繩人——Okinawa Time「島時間」，聽上去非常詩情畫意，但這詞語的意思是：常常遲到。沖繩人非常優悠，無論是巴士、單軌火車，甚至工作上見客，也常常出現不守時的情況。與沖繩人食飯，他們可能會在你到達後才施施然出門口，沖繩人這種態度，令很多人都發瘋！

香港人事事講求效率，過來沖繩後很不習慣，但如果習

慣了，就會發現慢慢來也可以生活。

至於沖繩的食物也和日本本島的非常不同，以日本全國的認知，Soba 是指蕎麥麵。但在沖繩的 Soba，是沖繩麵 Okinawa Soba，其實很像華人的油麵，而且沖繩麵是沒有蕎麥成分的！

沖繩麵。

由於沖繩過去受到中國的影響，所以處處都可以看見中華民族的影子，沖繩人傳統食物炸饅頭，其實就是巨型笑口棗。另外，沖繩人有三個新年，其中一個是中國的農曆新年。因為混合了西方的形態，所以會「慶祝」清明和盂蘭節，大家會在這些日子聚首一堂，載歌載舞，彷彿祖先就在旁邊一同參與呢。

本來沖繩的食物是很健康的，但自從二次世界大戰美軍上陸後，沖繩受到美軍統治，引入了一些不太好的飲食習慣，例如多油多糖多鹽和大量垃圾食物，令沖繩人罹患心血管疾病率直線上升，由長壽縣變成短命縣。沖繩其中一種著名土產午餐肉，就是因為美軍的緣故而誕生。

　　最後，離開沖繩的時候也有一些獨特的小限制（註），部分農作物是不可以離開沖繩的，例如紅芋和牽牛花。

註：　日本國內飛機是不用護照，除了一些指定的沖繩農產品外，其他農產品都可以隨意帶上機。

沖繩人眼中的海灘

　　每年夏天，日本的南方「小島」便會擁進大量遊客。對日本本島人來說，最想去的旅遊地方通常是——夏威夷或沖繩。

沖滬的海灘是外地遊客的主要目標。

　　看名字就能夠理解到大家的目標也是海灘，接近透明的海水，在白色的沙灘（其實沖繩大部分沙灘也不是白色的，而且有很多珊瑚碎⋯⋯真的要本地人才知道這些幼白沙灘在哪裏）游泳和潛水。

但你相信嗎？其實很多沖繩人都是旱鴨子，不懂游泳的！雖然每逢放假，沖繩人也會聚集在海邊，但他們的目的並不是游水，而是燒烤和釣魚。對沖繩人來說，海邊是一個燒烤場，所以當你去到不同的海灘，也能看到有燒烤爐和燒烤帳幕出租。另外，沖繩人從小便學懂釣魚，在沿海的學校不時會看到學生在下課後三五成群地到海邊釣魚。

在海灘附近總會看到為數不少的燒烤場。

　　沖繩四面環海，讓沖繩人從小就被教育「海洋是非常危險的」！過往是漁村和以海上貿易為主的沖繩，每年葬身海洋的人不計其數，造成了代代相傳的家訓──盡量不要下水。海洋對他們來說只是一個工作地點，所以如無必要，他們不會下水。由於當地深受中國文化影響，到了農曆七月孟蘭節時沖繩人更加不會下水，甚至停止出海捕魚。

更甚者，有些為旅客服務的潛水業職員在這幾天會拒絕下水。

幸好，沖繩人不懂游泳的情況近年開始有所改變，愈來愈多沖繩人認識到自身海洋的珍貴，加上愈來愈多學校開設游泳班，所以對於海洋的害怕已經一代代的減少。

不過，當你看到海灘上有人穿泳衣或比堅尼的話，不用懷疑，那絕大部分是遊客，沖繩人只會穿短衫短褲下水。

沖繩自衛隊的難言之隱

　　Mia 小學的好朋友，父母都是日本自衛隊，由福岡派駐沖繩，母親做文書，父親則是飛行訓練官。但他們從來不敢在沖繩的公開場合表明自己的職業，只敢在我們這些外地人面前透露。

　　我們起初也不明所以，自衛隊不是一種受到尊敬的職業嗎？他們娓娓道來。

　　第二次世界大戰時，日本的行為令沖繩人很討厭日本本島，這種情緒一直延續至今（詳見本書 P.182「沖繩與日本的歷史恩怨情仇」）。五十年前有自衛隊在沖繩街頭被毆打，這個歷史事件對自衛隊來說是一種恐懼創傷。

　　雖然近代的成人已經對自衛隊放下戒心，但仍有不少老人家對往事不能忘懷，事實上也忘不了。

　　來到沖繩的第一天，自衛隊的前輩已經告訴他們，沒有必要不要透露身分，以免引起本地人的不安和麻煩。自衛隊中有一則訓示，說明他們的職責是協助和融入社區，即使到

位於那霸的日本陸上自衛隊基地。

了 2020 年，他們仍然遵守這個潛規則。從他們的言行，我們可以看見他們是真心幫助沖繩這個小城市，而且喜歡這個地方。

我們問：「在沖繩有沒有覺得忐忑不安？」他們反而很坦白：「有，但不是很嚴重。」他們明白歷史是無法改變，沖繩人對日本本島的憎恨亦不是無緣無故的，所以只能盡力做好自己。他們還說自己很喜歡沖繩，放假的時候會探索沖繩（我們也有和他們一起去周遊沖繩的時光），只是他們仍然希望回到福岡。

我們順勢問到有關於自衛隊的待遇，他們說其實自衛隊的待遇不太好，五十歲左右便要退休，但退休金根本不足以

應付日常生活，所以很多五十歲左右的前自衛隊隊員會做一些粗重工作，又或是保安工作。他們也有不少朋友在退休之後失業，生活雖然不是捉襟見肘，但也説不上富裕。

2021 年，他們如願回到福岡，Mia 和他們的女兒約定下次去福岡探望他們。知道嗎？沖繩去福岡的機票有時只需要 ¥2,000，比由香港去澳門還便宜呢！

沖繩美軍的神秘面紗

沖繩的美軍由第二次世界大戰上陸開始就注定是一個具爭議性的議題。

如果看外國傳媒報道，會發現美軍被描繪成為惡魔，在沖繩以至日本犯下不少罪行。很大的原因是沖繩本地傳媒反美（別誤會，他們一樣反中國，甚至反日本中央政府，他們支持琉球，因為覺得沖繩一直被人入侵）。到近年，美軍搬基地時的排水污染，空軍基地 Kadena 地區至今仍有一宗全國最大的訴訟進行中。

但美軍是否真的這麼恐怖？

日本大約有五萬名美軍駐守，大部分駐守沖繩，人數約為三萬人，連同家人（簡稱 SOFA）已經有大約八萬人。但要注意，這些只是有統計的數字，還未計算很多用其他方法留在沖繩的美軍，例如結婚。非正式估計已經超過十萬人，佔沖繩人口的 8% 至 9%。

好多人說美軍屬於法治之外，在日本可以逍遙法外，但

其實是一個大誤解！爸爸有不少朋友都是美軍，原來他們需要同時遵守兩套法律，除了美國本身的法律外，亦要遵守日本法律。

舉個例子，夏天一到颱風天時，街上的美軍都會全部消失，因為基地會發出警告禁止外出，就連居住在基地外面的人都不能出門。在疫情比較嚴重的時候，他們有一段很長的時間都不能外出，因為他們收到禁足令，直到禁足令放寬的時候仍然不能在室內食飯，需要找戶外餐廳，而且也不可以去商場。相反，日本居民就沒有這些限制。

其實日本和美國簽署了《美日合作和平條約》，日本每年提供大量資助給美軍駐守日本，2019 年日本政府就提供了 3,200,000,000 美金，這當然還未包括報告以外的數字。而當中最具爭議性的是美軍住宿費用，由於有部分美軍是住在基地以外的，他們的房租和水電都是由日本政府支付，有很多人都喜歡讓美軍租住自己的物業，因為租金通常會比市價高。舉個例子，假設 1,000 尺房子的租金市價是 ¥100,000，若由美軍租用的話會是 ¥180,000 起跳。所以亦有人說，日本一直繳交保護費給美國。

然而，對於美軍，其實沖繩本土的反對聲音不少，尤其是基地搬遷，常常都會看見示威。日本政府為了平息沖繩人的怒氣，所以在經濟上一直對沖繩特別寬鬆，例如稅務優

惠,而對地方政府整體上的支持亦比其他地區為多。如果扣除這些優惠的話,其實大部分沖繩公司也是蝕錢的。

在疫情下,美軍的收入當然沒有受到影響,而且消費力非常強勁,為沖繩經濟貢獻不少。但正如之前所說,他們受到兩套規則所限,美軍每年或多或少都會有醉酒駕駛或醉酒後撩事鬥非等事故,而殺人強姦的嚴重罪行亦曾經發生過,但以人口比例計算其實不多,比沖繩本身的罪案還要少。而每當發生這些事故時,美軍基地就會發出禁足令,禁止美軍離開基地或家,有時還會長達兩個星期。

對於沖繩這地方,派駐的美軍會出現兩種很極端的情況。

有些非常喜歡沖繩,這類主要是已經結婚生子,他們喜歡沖繩的樸素和自然環境,認為適合小孩子成長,加上他們的收入相對本地人來說是比較高的,在沖繩生活比回美國舒適簡單得多。他們喜歡探索沖繩,很多偏遠的地方都會看到他們的足迹。這類美軍通常會有一個非常活躍的圈子,常常交流沖繩的最新情況,就例如最近有哪些新餐廳開業。

相反,另一種美軍是非常不喜歡沖繩的,這類通常比較年輕,他們想被派到五光十色,聲色犬馬的地方,例如菲律賓。至於原因也不用多說明吧⋯⋯在這些美軍中,有部分甚

至不曾離開過基地。因為基地內已經有齊他們的生活所需：購物、醫院、銀行，甚至有保齡球場和戲院。

美軍通常每隔兩年便會被派駐到新的地方，不過他們可以申請延長服役，爸爸有些朋友服役兩年之後又延長兩年，到最後不能再延長服役時，索性提早退休。

美軍要留在日本的話有幾種方法，其中一種當然是結婚，但不少人早已有家室，所以他們便會選擇第二個方法──成為基地的外判商（Contractor），也就是外判員工。這種模式比在日本自由市場上求職容易，只要能找到基地內的工作，很少會出現不批出簽證的問題，而且還能保留 SOFA 的身分，能夠自由出入基地。但由於不是軍人的關係，所以不用遵守美國的法例，只需要遵從日本本土法例，在颱風天也可以自由出入呢。大部分想留在日本的 SOFA 都會為將來作打算，從外判商開始建立自己的事業，即使萬一失去外判工作身分，還可以有後路。

不說可能不知道，原來美軍的子女其實是不能在日本本地學校上學的，只能就讀基地內的學校或國際學校，因為他們的身分是「非居住者」，沒有日本居民的身分證明書。除非他們的家長已經成為外判商，取得日本的在留卡（居留證明），那麼他們的身分待遇便會和普通移居者一樣。大約十年後便可以申請日本永久居民身分，爸爸有不少朋友就是這樣留了下來。

最終章

幾年前已經有出版社找我們出書,但最後因為忙不過來,沒有時間靜下來寫作而難產,至於部落格也是有限度更新。

2021 年初,有一位明報出版社編輯邀請我們寫作,時也命也,欣然答允。

2019 年底開始了新冠肺炎,2020 年 3 月日本禁止外國遊客入境,我們的潛水店也進入休業狀態。

從那時候開始才直呼幸運可以來到日本。

潛水店剛開業的時候,有不同的人告訴我們怎樣逃避稅項和營業上的法規。日本的收入稅和公司所得稅很重,大約 30% 左右。老實説,不論是本地人公司還是外國人公司,很多公司也會瞞稅。但我們不想惹上這些麻煩,所以全部用系統化結帳,如實報上每天的營業額,令公司的利潤少得可憐。

但亦因為如此，在疫情期間解救了我們和員工。

日本政府推出的經濟救助方案是全世界最慷慨的，政府為公司推出了稅務減免、大額租金津貼、無息貸款擔保、一筆過不用償還的現金資助，還有支付差不多兩年的薪金，最高會得到 100%！但這些救助方案是根據你公司過去的紀錄而發放，如果公司過往一直是「蝕錢」的話，政府所提供的資助便會減少，因為政府的目的是支持一些有前途的企業。如果為了逃稅，以現金支付員工薪金的話，便不會得到薪金的補償。

而在私人層面上，除了發放一筆過的 ¥100,000 資助金（只要是合法居住在日本的人便能夠得到，包括小孩子和工作假期簽證），還有租金津貼、不同的優惠券和現金券，更推出了旅遊資助幫助本地旅遊業。

疫苗接種速度由當初的落後，到短短兩三個月來超越其他 G7 國家成為接種率最高的地方。

種種資助讓大部分人度過寒冬。

疫情期間，日本可能是全世界最自由的國家。我們從來沒有禁足令，能夠自由地遊走日本全國，佩戴口罩也只是勸喻，沒有立法強迫。出外吃飯也不成問題，可以進行不同的

活動，生活如常。政府的勸喻亦會進化，第一次緊急狀態令，全國停課，但小孩子的確診率一直較低，造成了不少輿論壓力。到之後的緊急狀態令，停課已經成為了局部停課又或是分開上學，減少對學生學習的影響，日本政府會根據數據而作出修正。

當政府希望人民減少出門，便從商業着手，用不同的誘因令店舖提早關門或暫停營業，以減少人民外出，當然會有一些人不太合作，不過都只是佔少數。

疫情雖然一直反反覆覆，但依我們所見所感受的，其實和其他國家的狀況沒有太大分別，相反數字上比美國和歐洲更加低呢。這個要歸功於日本人的自律，又或是群眾壓力，見到旁邊的人戴上口罩，自己也不好意思不佩戴。

這篇最終章不是最終章，大家習慣疫情後，新的經濟模式一定會出現，現在才開始新的一頁。

後記：移居日本

移居日本：離開出生地

2015 年我們毅然放下香港的一切來到沖繩，重新開始。

有些人離開出生地需要經過一番掙扎，擔心未來生活、擔心適應問題，不過這些擔心沒有在我們身上出現，這可能與性格有關：喜歡周遊列國，感受不同的文化氣息。

選擇沖繩之前我們也考慮過日本其他地方。前面的文章提及過媽媽曾在日本留學，但從來沒有想過要在日本生活，留學生活令媽媽認識到真正的東京，這個城市的生活節奏和文化不適合自己性格。

不過這次的經歷沒有讓媽媽減少對日本的愛好，畢業後選擇了一間日本人設立的香港公司，一做便是十多年。到後來再次遇上爸爸這位大細路，即使我們都很喜歡日本，但仍然未有移居日本的念頭。

在 Mia 三個月大的時候我們一家人第一次去北海道，看見北海道的鄉郊、人與事，當時忽發奇想，如果可以在這裏生活多好。

於是這顆種子開始在我們的心中萌芽，機緣巧合下幫爺

爺拓展日本市場，讓我們有機會遊走日本大城市和鄉下。但兩年下來，仍然沒有心儀的落腳地，快要放棄的時候，爸爸的舊老闆拜託我們去沖繩考察投資機會（爸爸：那時候媽媽還很年輕！媽媽：今晚睡沙發吧！）

我們之前有去過沖繩，但沒有想過留下來，沖繩是個鄉郊地方，和我們想像中的日本很不同：東西不太好吃，購物比日本本島選擇少，還聽說颱風很厲害。但這一次的沖繩考察之旅，改變了我們的看法，更成為了移居的基石。

東西不好吃：因為烹調方法很像香港，沖繩的食堂就是香港的茶餐廳。

購物比本島選擇少：簡單原始，肉就是肉，菜就是菜，省卻了花巧的修飾。

颱風厲害：幾百年來沖繩已經建立了抵禦的能力，不論颱風多強，仍然屹立不倒。

颱風帶來了深層海水，讓沖繩的海有着獨一無二的藍色。加上日本本身的租金比香港便宜很多、生活質素比香港高、生活指數比香港低，這幾天改變了我們的一生。

有些地方看上去很美好，旅遊很開心，居住下來才知道

問題多多,而沖繩剛好相反,居住下來才能慢慢細味這個地方。地方適合自己與否,只有親身感受才知道,但如果一直不走出去,就永遠都得不到答案。

但世事豈能盡人意?

移居日本：把握機會

決定移居到沖繩的時候，純粹是基於一把火，沒有人際關係也沒有渠道。日本移居在當時是非常冷門的題目，網上根本沒有什麼資訊，不過現在資訊多如繁星，移居的程序亦簡單得多。

計劃移居時我們知道，如果沒有投資資本，那唯一的出路便是找工作。媽媽在移居前兩年和日本拍檔創辦了在香港舉行的「緣日 En X Nichi」日本祭典，當中認識了一些日本人，也包括沖繩人。於是，我們便詢問能否為他們工作，找尋渠道申請簽證到日本，但這些公司大部分是以香港為基地的公司，當然幫不上忙。

幾經轉折下，我們找到一位日本投資者，需要聘請外國人管理民宿，而薪金……只有我們在香港的三分一左右，但我們沒有任何猶豫。

收入比香港少，但沖繩的生活指數比香港更低，我們知道這個收入能夠在沖繩生存。機會瞬間即逝，所以一定要馬上把握！

僱主為我們申請簽證，但其他事情全部由我們自己處

理。我們在到達日本前已經找了居住地方，但出發前的一個星期，業主突然告知不會租給我們。當時我們在香港的居所已退租，當刻的確很徬徨。

幸好，當僱主知情後，便為我們作出擔保以租住另一個地方，只是到埗後需要先住幾星期酒店。

決定移居沖繩的時候以為長老們會有所不安，但當告知他們的時候，他們卻如釋負重，因為沖繩距離香港只是兩個半小時航程，可以常常過來探望，順便旅行。而事實證明她們非常享受這種生活，婆婆和嫲嫲輪流過來，每次「小住」幾個星期，和我們到日本其他地方旅行，好不享受！

不過到埗後才發現日本的官僚架構和做事方式不是香港人能夠想像的。任何事情也需要銀行戶口，包括出糧。當年開銀行戶口時需要申請人證明自己在日本居住了幾個月，但沒銀行戶口，在日本居住幾個月又會遇到很多問題，例如有些公司指定要用銀行戶口轉賬，因此就成了惡性循環。然而，到了 2021 年的今天，仍然遇到這種問題⋯⋯只是對象不是銀行戶口而已。

至於生活上也會有不同程度的不便，網上銀行，五點便停止服務，留意是網上銀行；銀行提款機，在星期六日使用便要收手續費，甚至還試過停止服務；他們要 ¥100 店隨便

買得到、很容易偽造的印鑒，不要獨一無二的簽名。

日本，尤其是沖繩比較少外國人，做事傾向保守，少做少錯，他們不願意越過既定規則，而且內部溝通混亂，同一件事問同一個部門的不同員工也會有不同的答案。疫情期間我們到入國管理局申請簽證文件，不同窗口的要求完全不同！

總括而言效率一定比香港低。

但在過程中你會感受到他們的盡力幫忙，他們知道你是外國人的話，會特別細心和有耐性處理。如果有任何申請被拒絕，他們都會告知拒絕的原因，若果你能夠用理據說服他們，很多時候都能夠翻案。

「Benefit of the Doubt」可以說是日本的寫照，他們會相信你，在情理上會盡力幫忙，但是如果證明你犯法，便會冷酷無情。

在這種生活模式下，大家也會奉公守法。

移居日本：颱風過後

安頓下來後，爸爸差不多每天都去潛水，然後發現香港和台灣遊客對中文潛水服務有強大需求，於是便決定把興趣變成事業，創業去。

但在日本創業從來都不是件容易的事。和香港最大的分別，是在日本任何事情也需要牌照，由於潛水關乎到安全，所以管制更加嚴格。

玩和工作，就像旅遊和定居，表面永遠都是美好。

創業初期真是荊棘滿途，小至店舖業主在我們付清訂金後突然反口，讓所有事情推倒重來。到後來的公司註冊、遞交警察局註冊文件、面談、保險等一關又一關，今天看似順利過關，但隔天便會因為當局內部溝通錯誤，要求我們補交文件，然後回去再等消息。

八個月後，潛水店終於開業，卻引來其他日本同業的妒忌，諸多阻攔。最困難的是要說服員工，解釋我們身為外人，要容忍、做好自己、用行動證明給他們看自己的能力，以及尊重他們的文化。

直到第二年尾開始才漸入佳境，得到同區潛水協會認可，邀請加入，成為第一間華人公司加入協會。但公司內部員工來自不同地方，香港、台灣、中國大陸、馬來西亞和美國等，文化上有差異，難免會有摩擦。我們本着用人不看國籍，只要有相同理念，我們會委以重任的原則，公司內部編制終於進入光明，理念相同的班底成型，穩定下來。

青潛的員工來自不同的國家，但擁有着相同理念。

2019 年底遇上新型冠狀病毒，我們公司 100% 的客人都來自香港和台灣，沒有遊客之下只能夠休業，但公司仍然負債，着實擔心。尤幸日本政府對企業有不少資助，幫助我們捱過寒冬，員工們亦非常合作，大家努力學習新技能，勒緊褲頭一起摸索新事業。

這本書推出的時候，我們的全新事業應該已經起步，與同一班員工，在全新的領域上再合作。

說實話，公司一直想發展新範疇，做本地人生意的同時貢獻本地社會，教本地人多一種技能。其實我們來到不久後已經萌生這個概念，只是居住在 Comfort Zone 內，沒有什麼動力。當疫情打下來後，終於要動身了，不然，公司財政會出現問題呢。

這是危機還是機會，全看你的心態。

新事業成功與否，我們完全不知道，但如果不去嘗試，就只能坐以待斃。香港人從來也是靈活變通的一群，而且在沖繩歷史中，颱風過後一定是天晴。

真正的最終章是新的開始

私は、沖縄にいて、うれしいこ
とは、海がキレイなことで
す。なぜなら、海がキレイだと、
たんさんの魚が集まるからで
す。
コロナがおわって、やりたいこ
とは、ちゅら海水族館に、
お母さんの友達と行きたいこ
とです。

「住在沖繩很開心的是這裏有乾淨漂亮的海。因為海水乾淨就會有大量魚類聚集。新冠疫情完結後最想做的是和媽媽的朋友一起去沖繩美麗海水族館。」——Mia（九歲，就讀小學四年級）

未來是屬於年輕的一代，我們只能夠幫助他們，讓他們自由發展。上天還是下地，我們已經管不着。只是希望他們能夠開心地成長，創造和現在不同的未來。

日本生活原來如此？！
——在地香港人的潛文化體驗課

作　　　　者	Oki-Family
責　任　編　輯	陳珈悠
美　術　設　計	簡雋盈
出　　　　版	明窗出版社
發　　　　行	明報出版社有限公司
	香港柴灣嘉業街 18 號
	明報工業中心 A 座 15 樓
電　　　　話	2595 3215
傳　　　　真	2898 2646
網　　　　址	http://books.mingpao.com/
電　子　郵　箱	mpp@mingpao.com
版　　　　次	二〇二一年十二月初版
I　S　B　N	978-988-8687-79-4
承　　　　印	美雅印刷製本有限公司